Müller / Weißenberger

Köstlich essen für Leber & Galle

Sven-David Müller
Christiane Weißenberger

Köstlich essen für
Leber & Galle

Über 130 Rezepte:
Schonend, bekömmlich und leicht

TRIAS

Maisfladen (S. 62)

Schokoladeneis (S. 110)

Leber- und Gallenerkrankungen, was ist das?

Richtig essen bei Leber- und Gallenerkrankungen

Rezepte – reichhaltig und lecker

elett mit Tomate (S. 60)

Fischcurry Madras (S. 82)

Liebe Leserinnen, liebe Leser,

Krankheiten der Leber und »Galle« sind Volkskrankheiten, unter denen Millionen Menschen leiden. Ihr Arzt hat auch bei Ihnen eine Erkrankung der Leber oder des Gallensystems festgestellt und nun sollen Sie auf Ihre Ernährungsweise achten? Was bedeutet die Diagnose für Sie? Dürfen Sie zukünftig nicht mehr nach Lust und Laune genießen und müssen eine strenge Diät einhalten, bei der alles abgewogen wird und nach der Uhr gegessen werden muss? Zum Glück ist die Zeit der Quark-Leber-Diät oder der strengen Schonkost bei Gallensteinleiden längst vorbei. In unserer Praxis beraten wir regelmäßig Patienten, die unter Erkrankungen der Leber und der »Galle« leiden, und haben hier vielfältige, jahrzehntelange Erfahrung.

Wir zeigen Ihnen in unserem Buch genau, worauf es ankommt und welche Regeln Sie tatsächlich einhalten müssen. Diätetik und Ernährungsmedizin sind Felder der Wissenschaft, die einem extremen Wandel unterworfen sind. Richtlinien, die noch vor wenigen Jahren galten, sind heute längst überholt.

Die Leber ist das zentrale Stoffwechselorgan des menschlichen Körpers. Wenn die Leber krank ist, bedeutet das, dass die Ernährungsweise an die Erkrankung angepasst werden muss. Eine gezielte Ernährungsanpassung kann bei praktisch allen Lebererkrankungen helfen. Sie können also viel für sich und Ihre Gesundheit tun.

Die Gallenblase ist überhaupt kein eigenständiges Organ. Sie ist ein kleines Säckchen, in dem die Leber die von ihr gebildete Gallenflüssigkeit speichert. Die Gallengänge und die Gallenblase sind jedoch Orte, wo sich oftmals krankhafte Veränderungen abspielen. Gallensteinleiden sind extrem häufig und betreffen viele Millionen Menschen.

Wir danken den vielen Patienten, die in unserer Diätberatung waren und uns durch ihre Fragen und Probleme bei der Erstellung dieses Buches geholfen haben.

Viel Gesundheit und Spaß beim Nachkochen wünschen Ihnen

Christiane Weißenberger und Sven-David Müller

Mein perfektes Dinner

Vorspeise

Rucola-Chinakohl-Salat

Für 2 Personen • ⏲ 10 Min.

je 100 g Rucola und Chinakohl • 1 kleine rote Zwiebel • 2 TL Rapsöl • 2 TL Balsamicoessig • 2 EL Kresse • Salz und Pfeffer

- Rucola und Chinakohl putzen und waschen. Chinakohl in feine Streifen schneiden. Die Zwiebel abziehen und in feine Würfel schneiden. Öl, Essig, Kresse und Gewürze verrühren und mit den Zutaten mischen.

Tipp Gallensteinpatienten streichen die Zwiebel.

Nährwerte pro Portion
87 kcal • 2 g E • 6 g F • 7 g KH • 2,0 mg Fe • 0,1 mg Cu

Hauptspeise

Schweinefilet in Preiselbeersoße

Für 2 Personen • ⏲ 20 Min.

200 g Schweinefilet • Salz • Pfeffer, frisch gemahlen • 2 TL Rapsöl • 2 TL Balsamicoessig • 2 EL Preiselbeerkompott • 2 EL Kondensmilch, 7,5 % Fett

- Das Fleisch kalt abspülen, trocken tupfen und in 3 cm breite Medaillons schneiden. Mit Salz und Pfeffer würzen.

- Das Öl in einer beschichteten Pfanne erhitzen und die Medaillons darin von beiden Seiten jeweils 3 Min. anbraten. In der Zwischenzeit den Essig mit dem Preiselbeerkompott verrühren.

- Das Fleisch aus der Pfanne nehmen und warm stellen. Die Essig-Preiselbeer-Mischung in die Pfanne geben und die Kondensmilch hinzufügen. Kurz aufkochen lassen und mit dem Fleisch servieren.

Nährwerte pro Portion
255 kcal • 22 g E • 12 g F • 15 g KH • 1,2 mg Fe • 0,1 mg Cu

Dessert

Himbeerdessert

Für 2 Personen • 10 Min.

4 EL Magerquark • Sprudelwasser • 2 EL Himbeeren • flüssiger Süßstoff • 2 Msp. Vanillearoma

● Den Quark und das Sprudelwasser verrühren. Die Beeren verlesen und vorsichtig unter die Quarkmasse rühren. Mit Süßstoff und Vanillearoma abschmecken.

Tipp Leberzirrhosepatienten ersetzen den Magerquark durch 2 EL Sahnequark und 2 EL Sahne. Anstelle des Süßstoffs verwenden Sie 2 EL Zucker (138 kcal, 4 g E).

Nährwerte pro Portion
54 kcal • 8 g E • 0 g F • 4 g KH • 0,5 mg Fe • 0 mg Cu

Leber- und Gallenerkrankungen, was ist das?

An Erkrankungen der Leber und der Galle leiden Millionen von Menschen – die Medizin und natürlich auch die Ernährungsmedizin und Diätetik sind in diesem Bereich weit entwickelt und es gibt für jeden Patienten die entsprechende Hilfe.

In Deutschland sind insbesondere Gallensteinleiden und die Fettleber extrem weit verbreitet. Die Leberzirrhose ist verhältnismäßig selten. Aber selbst daran leiden nach Angaben der Deutschen Leberhilfe noch 500 000 Menschen und jedes Jahr sterben 20 000 Menschen an den Folgen einer Lebererkrankung und mehr als 5000 Patienten an einem Lebertumor. Erkrankungen der Leber müssen also ernst genommen werden. Manchmal bestehen solche Krankheiten über Jahre, ohne dass die Betroffenen es spüren. Die Leber ist nämlich nicht schmerzempfindlich und viele Krankheiten laufen im Verborgenen ab. Lediglich durch eine Verfettung kann ein Druckgefühl im Oberbauch entstehen. Bei Gallensteinleiden ist es ähnlich. Die meisten Gallensteine sind stumm.

Die Leber versorgt

Die Leber ist mit rund 1500 Gramm Gewicht beim Erwachsenen die schwerste Drüse des menschlichen Körpers und gleichzeitig das größte innere Organ. Die Leber ist das zentrale Stoffwechselorgan im menschlichen Körper, das eine enorme Zahl von unterschiedlichen Funktionen hat. Kohlenhydrate, Fette (Lipide), Eiweiße (Proteine), Vitamine und Mineralstoffe werden von der Leber aufgenommen und teilweise in den Leberzellen bearbeitet und eingelagert. Wichtige Schritte des Kohlenhydratstoffwechsels und des Eiweißstoffwechsels können ausschließlich in der Leber stattfinden. Die von der Leber gebildete Gallenflüssigkeit z. B. ist für eine optimale Fettverdauung unerlässlich. Ohne Gallenflüssigkeit kann Fett nicht verdaut werden. Nur sogenannte MCT-Fette benötigen keine Gallenflüssigkeit im Rahmen ihrer Verdauung.

Die Leber entgiftet

An der Unterseite der Leber treten die Leberarterie und die Pfortader in die Leber ein. Die Pfortader liefert die Nährstoffe aus den Verdauungsorganen, aber auch Schadstoffe, die in der

Leber entgiftet werden müssen. Eiweiße aus der Nahrung werden im Darm und in der Leber in ihre Bausteine, die Aminosäuren, zerlegt und dann in der Leber zu körpereigenem Eiweiß umgebaut. Dies sind vor allem Bestandteile unseres Körpers wie z. B. Hormone oder Hämoglobin. Nur in Notfällen greift der Körper zu Eiweiß, um daraus Energie zu gewinnen. Beim Abbau der Eiweiße entsteht Ammoniak. Ammoniak ist ein Zellgift und muss rasch und effektiv ausgeschieden werden. Die Leber nimmt Ammoniak auf und macht es unschädlich. Vor allem, wenn die Leber geschädigt ist, ist es wichtig, dass das toxische Ammoniak weiterhin ausgeschieden werden kann. Das ist insbesondere bei der Leberzirrhose zu beachten. Daher sind die früher üblichen Diäten bei Leberzirrhose mit viel eiweißreichem Quark sogar kontraproduktiv. Und eine Schonkost, die noch heute empfohlen wird, beeinflusst die Leberzirrhose überhaupt nicht und ist damit sinnlos.

Gallenblase: »nur« ein kleines Anhängsel?

Die Gallenblase liegt direkt hinter der Leber. Sie ist ein birnenförmiges Säckchen, das die unablässig von der Leber gebildete Gallenflüssigkeit sammelt, eindickt, speichert und bei Bedarf abgibt. Die Gallenblase fasst rund 40 ml Gallenflüssigkeit, die in den Leberzellen des linken und des rechten Leberlappens entsteht.

Die in der Wand der Gallenblase befindliche Muskulatur ermöglicht ein Zusammenziehen der Gallenblase und eine Entleerung des Gallenblaseninhalts. Das passiert beispielsweise bei sehr fettreichen Mahlzeiten: nach einer großen Portion Pommes frites mit Mayonnaise oder nach Buttercremetorte. Wenn Steine in der Gallenblase oder den Gallenwegen liegen, kommt es zu teils starken Schmerzen, die man als Gallenkoliken bezeichnet. Zum Glück lassen sich die Steine heute leicht entfernen. Zudem ist es möglich, durch eine Umstellung der Ernährungsweise Probleme zu vermeiden und die erneute Entstehung von Gallensteinen zu verhindern. Leider wird noch heute Menschen mit Gallensteinen oft empfohlen, auf blähende Speisen wie Zwiebeln, Linsen oder Kraut zu verzichten. Dabei können diese weder eine

Gallenkolik auslösen, noch schützen sie den Betroffenen vor der erneuten Bildung von Gallensteinen. Das Fett und die Ballaststoffe stehen im Mittelpunkt der Ernährungstherapie bei Gallensteinleiden.

Die Galle ist kein Organ, sondern eine Flüssigkeit!

Eine weitere wichtige Aufgabe der Leber ist es, die Gallenflüssigkeit zu produzieren und bedarfsgerecht an den Dünndarm abzugeben. Um eine ausreichende Menge – auch bei fettreichen Speisen – vorzuhalten, speichert die Gallenblase die Gallenflüssigkeit. Die Möglichkeit, die Gallenflüssigkeit einzudicken, erhöht dabei die Menge, führt aber auch zu Problemen, wenn die Eindickung sozusagen misslingt und sich Gallensteine bilden. Die Gallenblase hat die Aufgabe, die Gallenflüssigkeit von 97 Prozent auf 89 Prozent Wassergehalt einzudicken.

Die Produktion der Gallenflüssigkeit, die große Mengen Cholesterin enthält, findet in den Leberzellen statt. Sie geben das Gallensekret an ein feines Gangsystem in der Leber ab. Schließlich sammelt sich die Gallenflüssigkeit, kurz als Galle bezeichnet, in den Gallengängen. Eine cholesterin- und fettreiche, aber ballaststoffarme Ernährung fördert die Wahrscheinlichkeit, ein Gallensteinleiden zu entwickeln.

Keine Fettverdauung ohne Galle

Fette sind nicht wasserlöslich. Daher müssen sie ihre Löslichkeit ändern, damit sie vom Körper aufgenommen werden können. Die Gallenflüssigkeit zerteilt die Nahrungsfette in feinste Kügelchen. Dadurch erhöht sie die Oberfläche des Fettes und macht es leichter für die Lipase – so heißt das fettspaltende Enzym, das aus der Bauchspeicheldrüse stammt – abbaubar. Aber auch im Körper ist der Transport nur möglich, wenn die Fette in wasserlöslicher Form vorliegen. Daher werden Fette in eine Eiweißhülle gepackt. Nur spezielle Fette, sogenannte mittelkettige Triglyzeride, oder kurz MCT-Fette (Seite 21), kann unser Organismus ohne Gallenflüssigkeit und Lipase direkt aufnehmen. Sie werden daher oftmals bei Leber- und Gallenerkrankungen eingesetzt.

Übergewicht verursacht eine Fettleber

Eine Fettleber liegt bei einer diffusen Verfettung von mehr als 50 Prozent der Leberzellen oder einem Fettanteil von über 5 Prozent des Lebergewichts vor. In vielen Fällen ist die Fettleber durch Fehlernährung ausgelöst. Sehr viele Übergewichtige leiden darunter. In jedem Falle ist die Fettleber behandlungsbedürftig, damit es nicht zu Entzündungen oder anderen schwerwiegenderen Veränderungen kommt. Mindestens 20 Millionen Menschen in Deutschland leiden an einer Fettleber, die damit zu den führenden Volkskrankheiten gehört.

Die Fettleber ist das Symptom einer anderen Störung: Grundsätzlich unterscheidet man zwischen einer Mastfettleber (bei Übergewicht und Diabetes mellitus), einer Mangelfettleber (z. B. nach längerem Fasten oder aber Magersucht durch Proteinmangel) und einer Alkoholfettleber.

Wie sie entsteht

Eine Fettleber entsteht, wenn die Leber selbst Fett in ihren Zellen im Übermaß speichert. Die Leber kann Fettsäuren verbrennen oder aber wieder zu Fetten aufbauen. Deren Export, also der Weitertransport in den gesamten Organismus, ist begrenzt, sodass es bei einem Überangebot an Fettsäuren oder Traubenzucker und Fruchtzucker sowie Alkohol zu einer Ablagerung in der Leber kommen kann. Eine Fettleber kann die doppelte Größe einer gesunden Leber erreichen.

Die Fettleber kann lange Zeit unbemerkt bleiben. Sie verursacht keine direkten Schmerzen außer einem Druckgefühl im Oberbauch. Als Folge der Fettleber können darüber hinaus diffuse Symptome wie Ermüdung, Appetitverlust, Völlegefühl und Blähungen auftreten.

Die Fettleber führt zu keiner Beeinträchtigung der Leberfunktion. Auch die ausgeprägte Leberverfettung kann sich vollständig zurückbilden. Schon innerhalb weniger Wochen, wenn Sie beispielsweise abgenommen haben oder keinen Alkohol mehr trinken, kann sie sich komplett zurückbilden. Aus einer alkohol- oder eine noxenbedingten (durch eine andere Krankheit verursachten) Fettleber kann sich unter Umständen eine Leberentzündung (Hepatitis) oder sogar Leberzirrhose entwickeln.

Was hilft

Verzicht auf Alkohol in jeder Form, Meidung von extrem kohlenhydratreicher Ernährungsweise, Gewichtsreduktion und/oder Behebung des auslösenden Stoffwechseldefekts. Die Leber mit geeigneten Medikamenten zu unterstützen, ist zu empfehlen – besprechen Sie das mit Ihrem Arzt und Diätassistenten. Mariendistel und andere Heilpflanzen stärken die Leber.

Richtig essen bei einer Fettleber

Eine Fettleber kann sich wieder vollständig zurückbilden. Wichtig dafür ist der lebenslange Verzicht auf Alkohol und eine geeignete Ernährung. Eine der Ursachen für eine Fettleber ist Diabetes mellitus. Insbesondere übergewichtige Typ-2-Diabetiker können Glukose häufig nicht mehr optimal verwerten. Eine gestörte Insulinwirkung (Insulinresistenz) verhindert, dass Zucker und Fette im Muskel- und Fettgewebe optimal verbrannt werden, sodass die angestauten Energieträger in Form von Fett in der Leber gespeichert werden müssen.

Übergewicht

Bei einer Mastfettleber ist eine Reduktionskost erforderlich – eine kalorienarme Kost mit 1200 – 1600 Kilokalorien (kcal) pro Tag (ausgewogene Nährstoffrelation: 40 – 50 Prozent Kohlenhydrate, 10 – 20 Prozent Eiweiß und 30 – 40 Prozent Fett). Besonders leicht verwertbare Kohlenhydrate (Einfach- und Zweifachzucker wie Saccharose, Glukose und Fruktose) werden in der Leber bevorzugt in Triglyzeride umgewandelt und begünstigen die Entstehung einer Mastfettleber. Statt Zucker sollten Menschen mit Fettleber Süßstoffe verwenden und auf zuckerreiche Lebensmittel verzichten (Süßigkeiten, Limo). Gleichzeitig hemmt eine zuckerreiche Kost den Abbau gespeicherter Triglyzeride.

Als günstig für die diätetische Behandlung einer Mastfettleber hat sich eine »relativ« fettreiche Kost herausgestellt. Bis zu 45 Energieprozent können bei einer Reduktionskost aus Fetten stammen. Gemieden werden sollten gesättigte Fettsäuren und Transfettsäuren, die insbesondere in Butter, Butterschmalz, Sahne und fetter Wurst

Alkohol

Der Konsum von Alkohol darf bei keinem Menschen verharmlost werden. Mehr als 150 000 Kinder und Jugendliche sind alkoholabhängig. Millionen Erwachsene sind Alkoholiker. Aber die Gefahren des Alkohols gehen weit über die Sucht hinaus: Alkohol schädigt das Gehirn, die Bauchspeicheldrüse und natürlich auch die Leber. Bei einer täglichen Alkoholzufuhr von 160 g reinem Alkohol (beispielsweise enthalten in 4 Liter Bier, 1,5 Liter Wein oder 300 ml Branntwein) entwickelt sich bereits nach drei Wochen eine Fettleber. Auf Dauer reichen aber schon regelmäßig aufgenommene Alkoholmengen von mehr als 50 Gramm pro Tag (Frauen: 20 bis 30 Gramm) aus.

enthalten sind. Besonders gut sind mehrfach ungesättigte Fettsäuren, die in hochwertigen Pflanzenölen (Raps-, Lein- oder Walnussöl), Margarine oder Nüssen enthalten sind. Der Fettgehalt sollte zwischen 55 und 80 Gramm Fett täglich liegen. Da MCT-Fette (Seite 21) sofort energetisch verwertet werden, können Sie Koch- und Streichfett durch MCT-Fette ersetzen.

Häufigste Viruserkrankung: Hepatitis B

Die Hepatitis B ist die bedeutendste Viruserkrankung des Menschen. Weltweit gibt es rund 300 Millionen Träger des Hepatitis-B-Virus (HBV). Das klinische Bild der Hepatitis B kann schwer sein und bis zu zwölf Wochen und länger andauern. Gegen die Hepatitis A und B ist eine Vorbeugung möglich. Die akute Hepatitis A bis E ist meldepflichtig. Die überwiegende Zahl der akuten Virushepatitiden heilt problemlos aus.

Chronische Verläufe finden sich bei der Hepatitis B, C, und D. Die Anzeichen einer chronischen Hepatitis sind Mattigkeit, Beschwerden im rechten Oberbauch, Gelenkschmerzen, eventuell Juckreiz. Eine chronische Hepatitis ist durch ein über einen Zeitraum von sechs Monaten ohne Besserung fortschreitendes Leberleiden gekennzeichnet.

Symptome und Therapie einer akuten Hepatitis

Unter akuter Hepatitis (Hepar = Leber, itis = Entzündung) versteht man eine plötzlich einsetzende Entzündung der Leber. Die verschiedenen Hepatitisformen sind in Deutschland unterschiedlich häufig. Eine akute Hepatitis äußert sich in schlechtem Allgemeinbefinden, Appetitlosigkeit und Übelkeit. Die Hepatitisviren infizieren den gesamten Organismus, sodass gelegentlich neben der im Vordergrund stehenden Leberentzündung auch eine Lymphknotenvergrößerung, eine Bauchspeicheldrüsenentzündung, bestimmte Formen der Anämie oder auch Herzbeutelentzündungen auftreten können. Zu verhindern ist in jedem Fall, dass die Hepatitis in eine chronische Form übergeht.

Richtig essen bei akuter Hepatitis

Eine akute Hepatitis ist keine Indikation für eine fettarme Schonkost. Es gibt keinen Grund, auf Kohl, Hülsenfrüchte oder Eier zu verzichten. Leider gibt es noch viele wissenschaftlich nicht haltbare Diätregeln, die dem Betroffenen mehr schaden als nutzen. Nur in wenigen Fällen muss eine akute Hepatitis im Krankenhaus behandelt werden. Ärztlicherseits ist es wichtig, dass Sie Bettruhe einhalten und Ihr Gewicht über eine hochkalorische – also nicht unter 2500 bis 2800 Kalorien – ausgewogene Ernährung konstant halten. Eine kalorienreduzierte Ernährung sollte in jedem Falle vermieden werden. Medikamente, die die Leber schädigen können, sollten Sie absetzen und Alkohol in jeglicher Form meiden.

Wenn Hepatitis länger als sechs Monate anhält

Eine fortschreitende Zerstörung der Leberzellen durch chronisch entzündliche Prozesse bis hin zur Entwicklung einer Leberzirrhose kann das Merkmal der chronischen Hepatitis sein. Unter den bekannten Erregern einer Hepatitis sind chronische Verlaufsformen nur bei Infektionen mit dem Hepatitis-B-Virus, dem Hepatitis-C-Virus, dem Hepatitis-D-Virus sowie dem neu entdeckten Hepatitis-G-Virus beobachtet worden. Aus der Hepatitis A und E entwickelt sich kein chronischer Verlauf. Bei Hepatitis B und C hingegen ist das Risiko eines Leberzellkrebses deutlich erhöht.

Halten Sie sich an folgende Ernährungsregeln:

- Meiden Sie prinzipiell Alkohol in jeglicher Form.
- Die Kost muss 2000 kcal überschreiten. Viele betroffene Patienten benötigen täglich 2500 kcal und mehr. Eine Gewichtsabnahme sollte nicht eintreten.

- Der Eiweiß- und Fettgehalt sollte normal gestaltet sein: Eine chronische Hepatitis ist kein Grund für eine fettarme Schonkost.
- Kommt es zu einer Gelbsucht, muss Ihnen der Arzt die Vitamine A, D, E und K spritzen.
- Chronische Lebererkrankungen erhöhen den Zinkbedarf (täglich 15 – 30 mg Zink-Histidin).

Leider sind noch immer veraltete und unwirksame Diätkonzepte im Umlauf. Es gibt keinen Grund, aus dem Hepatitis-Patienten beispielsweise auf Sauerkraut, Linsen oder Gebratenes verzichten sollten oder große Mengen Quark essen müssen. Lediglich wenn die chronische Hepatitis zu einer Leberzirrhose geführt hat, sind diätetische Maßnahmen notwendig. Diese sind nachfolgend im Kapitel »Ernährung bei Leberzirrhose« beschrieben.

Leberzirrhose

Die Leberzirrhose entsteht, wenn Leberzellen absterben und daraus funktionsuntüchtiges, knotiges Bindegewebe entsteht, z. B. unter Einwirkung von Giftstoffen (insbesondere Alkohol) oder durch Viren, Gallenwegserkrankungen und Erkrankungen der Bauchspeicheldrüse. Die Leber schrumpft und ihre Oberfläche verändert sich. Die Funktion der Leberzellen ist bei einer Leberzirrhose irreparabel geschädigt. Eine Leberzirrhose ist also nicht heilbar.

Der Untergang des Leberzellgewebes verläuft anfangs völlig unbemerkt. Warnsignale für eine Leberzirrhose sind Abgeschlagenheit, Müdigkeit, Appetitlosigkeit und Nachlassen der Leistungsfähigkeit. Aufgrund der vielfältigen Aufgaben, die die Leber für den gesamten Organismus übernimmt, treten bei einer fortgeschrittenen Leberzirrhose zahlreiche unterschiedliche Beschwerden auf: Hormon-, Verdauungs- und Stoffwechselstörungen, Kreislaufkomplikationen und vieles mehr. Lebensgefährliche Komplikationen, die sich als Folge einer Leberzirrhose ergeben können, sind vor allem die hepatische Enzephalopathie (Vergiftung des Gehirns, besonders durch Ammoniak), die Bauchwassersucht (Aszites) und Leberkrebs.

Ernährung bei Leberzirrhose

Grundsätzlich ist es nicht möglich, die Erkrankung durch eine Diät aufzuhalten. Die letzte Möglichkeit ist die Lebertransplantation. Die Ernährungstherapie sollte auf die Symptome abgestimmt sein. Patienten, bei denen eine Leberzirrhose festgestellt wurde und die unter keinerlei Symptomen leiden, müssen keine speziellen Ernährungsregeln einhalten. Sie sollten sich ausgewogen und gesund ernähren. Mit einer Ernährungstherapie wird erst begonnen, wenn sich die Patienten schlecht fühlen oder Mangelerscheinungen vorliegen.

Früher erhielten Leberzirrhotiker viel Eiweiß und die Quark-Diät war noch vor 30 Jahren eine Standardtherapie. Dabei ist das in der Regel kontraproduktiv. Wenn Sie zuvor viel Fleisch, Käse oder Milchprodukte gegessen haben, die Eiweißzufuhr also ohnehin schon hoch war, sollten Sie darauf achten, dass die tägliche Menge Eiweiß 0,8 – 1 Gramm (pro Kilogramm Körpergewicht) nicht übersteigt.

Allerdings darf dem Körper aber auch nicht zu wenig Eiweiß zugeführt werden. Kam es erstmalig zu einer hepatischen Enzephalopathie, ist eine weitere Beschränkung der Eiweißzufuhr notwendig. In der Regel werden zwischen 0,6 und 0,8 Gramm Eiweiß pro Kilogramm Körpergewicht vertragen, doch die Eiweißtoleranz muss individuell ausgetestet werden. Ist es zu einem hepatischen Koma gekommen, wird eine Ernährungstherapie mit 0,2 – 0,3 Eiweiß pro Kilogramm Körpergewicht begonnen. In der Regel darf die Eiweißzufuhr nicht zu niedrig sein. Es kann sein, dass sogenannte verzweigtkettige Aminosäuren verordnet und eingenommen werden müssen.

Eiweiß auf Rezept

Bei fortgeschrittener Leberzirrhose kommt es zu einer Verschiebung des Aminosäurenhaushalts. Manche Aminosäuren sind erhöht, die sogenannten verzweigtkettigen Aminosäuren (VKAS) fallen ab. Dies führt dazu, dass verstärkt Muskulatur abgebaut wird, weil gerade diese Aminosäuren vom Körper benötigt werden. Jeder Patient, der unter hepatischer Enzephalopathie leidet, sollte VKAS vom Arzt verordnet bekommen (beispielsweise Falkamin Pellets). Leider wissen selbst viele Mediziner nicht um die Effekte von VKAS und enthalten sie ihren Patienten vor. Die Kosten für die Präparate werden von den Krankenkassen erstattet. Es ist sinnvoll, die Eiweißzufuhr gleichmäßig über den Tag zu verteilen, um den Stoffwechsel nicht übermäßig zu belasten. Generell sind pflanzliche Eiweiße besser verträglich als tierische, da in tierischen Lebensmitteln der Anteil aromatischer Aminosäuren deutlich höher ist (insbesondere in vielen Fleisch- und Wurstwaren).

Problem: Gewichtsverlust

Fast alle Patienten nehmen im Laufe der Erkrankung deutlich an Gewicht ab. Das ist bedenklich, wenn nicht sogar gefährlich und muss auf jeden Fall vermieden werden. Zur Deckung des Energie- und Aminosäurebedarfs wird die Eiweißmasse eingeschmolzen, kurz: Zirrhotiker verlieren nach und nach deutlich an Muskelmasse. Nun heißt es, viele Kalorien aufzunehmen: Eiweiß sparen und die restlichen Kalorien möglichst gleichmäßig auf Fett und Kohlenhydrate verteilen. Bei 35 – 40 Kalorien pro Kilogramm Körpergewicht kommt man mit 75 kg auf 2600 – 3000 kcal pro Tag.

Darüber hinaus helfen bei verschiedenen körperlichen Beschwerden:

- VKAS (Falkamin Pellets) und Kohlenhydratkonzentrate (Maltodextrin aus der Apotheke)
- Trinknahrungen, die auf die Belange von Leberzirrhotikern zugeschnitten sind (z. B. Fresubin Hepa).
- 15 – 30 mg Zinkhistidin am Tag (Curazink oder Zinkamin Falk verordnungsfähig).
- Laktose, Laktulose oder Laktitol (Importal) zur Verbesserung der Ammoniakausscheidung.
- Wenn es zu Fettverwertungsstörungen kommt: Ersatz von LCT-Fetten durch MCT-Fette (in Reformhäusern erhältlich).
- Bei Diabetes: Glukose und glukosehaltige Produkte weitgehend meiden.
- Auf den Ballaststoffgehalt achten: So werden weniger Toxine aus dem Darm aufgenommen und Ammoniak gebunden. Daher sollten Leberzirrhosepatienten reichlich Ballaststoffe über Gemüse, Obst und Vollkornprodukte aufnehmen.

Salzgehalt im Auge behalten:
Bei fortgeschrittener Leberzirrhose kann sich Flüssigkeit in der Bauchhöhle sammeln (Aszites = Bauchwassersucht). Die Therapie besteht u. a. darin, die Trinkmenge zu beschränken und die Aufnahme von Salz zu minimieren. Viel Salz steckt beispielsweise in Sojasoße, Tomatenketchup, Senf, Lachsschinken, Roquefort, Schnittkäse, Feta, Oliven und Knabbergebäck.

Unterstützen Sie Ihre Leber: Zink
Patienten mit Leberzirrhose leiden häufig an Vitamin- und Mineralstoffmangel. Wichtig ist hier insbesondere der Ausgleich des Zinkmangels. Zink ist für die Entgiftung wichtig. Empfehlenswert sind Zinkpräparate mit organischen Zinkverbindungen wie Zink-Histidin (z. B. Zinkamin Falk oder Curazink). Sie sollten Zink nüchtern und vor dem Schlafengehen einnehmen. Sie bekommen die Kosten für Zinkpräparate bei Leberzirrhose von Ihrer Krankenkasse erstattet.

Alkohol: der Feind der Leber
Patienten mit Leberzirrhose müssen grundsätzlich lebenslang auf Alkohol verzichten. Alkohol verfliegt übrigens beim Kochen von Lebensmitteln nicht vollständig. Verzichten Sie selbst auf Rotwein in der Bratensoße. Neben alkoholischen Getränken sind immer auch alkoholhaltige Süßigkeiten, Torten, Medikamente (in der

Regel Tropfen), aber auch Most und Kefir zu meiden.

Heilpflanzen helfen der Leber

Bei der Behandlung von chronischen Leber- und Gallenwegserkrankungen bietet sich die Kombination von Wirkstoffen der Arzneipflanzen Mariendistel und Javanische Gelbwurz an. Die Mariendistel schützt und stabilisiert die Membranen der Leberzellen und besonders bei schweren Leberschädigungen wirken die Substanzen der Mariendistel gut. Daher werden sie auch bei akuter und chronischer Hepatitis empfohlen. Die Wirkstoffe der Javanischen Gelbwurz erhöhen die Gallensekretion. Sie lindern Entzündungen, wie sie häufig im Bereich der Gallenblase und der Gallenwege auftreten.

Lassen Sie sich in Ihrer Apotheke beraten, welche Heilpflanzen Ihnen helfen können. Einige Präparate sind sogar verordnungsfähig. Ein sinnvoll kombiniertes Präparat steht z. B. als Hepatofalk Planta N zur Verfügung. Es findet seinen Einsatz bei toxischen Leberschäden, zur unterstützenden Behandlung bei chronisch-entzündlichen Lebererkrankungen und Leberzirrhose. Vorsicht: Bei Verschluss der Gallenwege dürfen Sie es nicht einnehmen. Und bei Gallensteinleiden sollten Sie zuvor einen Arzt befragen. Generell sollten Sie vor der Einnahme von Medikamenten – auch pflanzlichen – den Arzt oder Apotheker fragen.

Gallensteinleiden

Mindestens 12 Millionen Menschen in Deutschland haben Gallensteine. Viele davon bemerken nichts, da sie an sogenannten stummen Gallensteinen leiden. Frauen leiden doppelt so häufig unter Gallensteinleiden wie Männer. Übergewicht verdoppelt das Risiko eines Steinleidens. Eine Änderung der Zusammensetzung der Gallenflüssigkeit spielt ebenso eine Rolle wie chronische Infektionen der Gallenblase. Infektion und Steine bedingen einander.
Im Alter nimmt das Steinleiden zu – wegen der vermehrten Cholesterinproduktion in der Leber und der verminderten Gallensäurebildung.
Menschen, die Fibrate als Medikament zur Senkung erhöhter Triglyzeride einnehmen oder an Diabetes leiden, haben ein erhöhtes Gallensteinrisiko. Und schon seit Jahrzehnten ist die klassische Risikokonstellation der fünf »F« bekannt:

- Female (weiblich)
- Fat (übergewichtig)
- Fertile (mehrere Kinder und vor den Wechseljahren)
- Forty (vierzig)
- Fair (hellhäutig)

Was passiert: Normalerweise werden zur Fettverbrennung Fette und deren Bestandteile in der Gallenflüssigkeit gelöst. Beim Gallensteinleiden ist die Zusammensetzung der Gallenflüssigkeit aber verändert, sodass einzelne Stoffe, besonders das Cholesterin, nicht mehr richtig gebunden werden. Es fällt dann in Kristallen aus, die sich aneinander anlagern und nach und nach in der Gallenblase Steine formen. Gallensteine können lange unbemerkt bleiben. 60 bis 80 Prozent der Steinträger sind ohne Symptome. Erst Jahre später können sich Beschwerden oder Komplikationen einstellen. Die Beschwerden einer Kolik sind weitaus schwerwiegender: zum Teil sehr heftige und krampfartige Schmerzen, die zwischen einer Viertelstunde und fünf Stunden anhalten (fast nie länger, manchmal auch mit Unterbrechungen). Brechreiz, Übelkeit, Aufstoßen und eine kurze Gelbfärbung stellen sich manchmal begleitend ein.

Richtig essen bei Gallensteinen

Eine spezielle Kost oder Diät, die Gallensteinpatienten einhalten müssen, gibt es nicht. Viele Patienten vertragen aber größere Fettmengen nicht. Oft profitieren sie davon, dass sie MCT-Fette (Seite 21) (MCT-Margarine und MCT-Öl aus dem Reformhaus) als Streichfett und Salatöl verwenden. Dieses Fett wird hervorragend vertragen und löst keine Gallenkoliken aus. Eine Gallenschonkost ist hingegen nicht sinnvoll. Nur 20 – 30 Prozent der Betroffenen haben tatsächlich Symptome. Unspezifisches Völlegefühl, Blähungen oder Druck unter dem rechten Rippenbogen, insbesondere nach dem Essen, deuten erst einmal nicht direkt auf ein Gallensteinleiden hin. Eher eine Unverträglichkeit von Kaffee oder anderen Röststoffen, von fetten, gebratenen oder blähenden Speisen oder von kalten Getränken.

Es gibt sie nicht, die typische Gallendiät

Für die unterschiedlichen Gallenerkrankungen gab es früher spezielle Gallendiäten, die jedoch heute überholt sind. Leider finden sich diese veralteten Vorschriften noch in Büchern, Zeitungsbeiträgen oder Broschüren. Es gibt sogar Mediziner, die ihren Patienten heute noch solche Diäten empfehlen, obwohl es dafür keine wissenschaftlichen Belege gibt. Es kommt vielmehr darauf an, langfristig an Gewicht zu verlieren, Fett zu sparen und um Schwerverdauliches einen Bogen zu machen. Zudem ist es wichtig, ausreichend Ballaststoffe aufzunehmen und die Regeln einer gesunden ausgewogenen Ernährungsweise einzuhalten. Diätetische Maßnahmen dienen ausschließlich zur Linderung der Beschwerden. Doch letztendlich müssen Sie die Verträglichkeit der Speisen individuell austesten. Am besten führen Sie ein Ernährungstagebuch (Beschwerdetagebuch), in dem Sie notieren, welche Lebensmittel Sie nicht vertragen.

Nach der Operation

Nach der Entfernung der Gallenblase fehlt das Reservoir für die Gallenflüssigkeit, sodass Sie größere Fettmengen schlechter verwerten können, weil nicht genug Galle auf einmal ausgeschüttet werden kann. Menschen ohne Gallenblase leiden häufig an unspezifischen Nahrungsmittelunverträglichkeiten. Nach der Entfernung der Gallenblase ist eine Ernährungstherapie eigentlich nicht mehr erforderlich. Es ist lediglich notwendig, extrem große Fettmengen zu vermeiden. Anderenfalls kann es zu sogenanntem Fettstuhl (Steatorrhö) kommen. Achten Sie darauf, nicht zu viel Fett auf einmal aufzunehmen.

Bei Beschwerden helfen MCT-Produkte aus dem Reformhaus, die sofort verdaut werden können. MCT-Fette sind unter dem Handelsnamen Basis MCT oder Ceres (MCT-Margarine oder MCT-Öl) in jedem Reformhaus und im Versandhandel erhältlich. Essen Sie am ersten Tag 20 g MCT-Fett und steigern Sie die Menge um täglich 5 – 10 g bis auf die Enddosis. Das Meiden von Lebensmitteln wie Linsen, Krautsalat, Zwiebeln oder anderen blähenden Speisen ist nicht erforderlich. Der erneuten Entstehung von Gallensteinen kann insbesondere durch ballaststoffreiches Essen vorgebeugt werden.

Auf diese Lebensmittel können Sie sich verlassen

- Brot (alle Sorten mindestens 1 Tag gelagert) – am besten verträglich, wenn Sie es vor dem Genuss kurz (!) toasten
- Zwieback, Knäckebrot und kurz getoastete Brötchen
- Reis, Nudeln, Kartoffeln in gekochter Form
- Gemüse (außer Gurke, Paprika, Kohl, Hülsenfrüchten), am besten gekocht
- Obst (außer Stein- und Kernobst), insbesondere in gekochter Form
- Fisch, Geflügel und Fleisch (fettarm zubereitet)
- fettarme Milch und Milchprodukte
- Käse bis 30% Fett i. Tr.
- magere Wurst (außer geräucherter)
- Wasser, stilles Mineralwasser, reizarmer Kaffee, Tee und Obstsäfte
- Zucker und Süßstoff
- wenig Butter oder Margarine oder MCT-Fette
- Pflanzenöle
- Konfitüre, Honig und Sirup
- wenig Kräuter (außer Schnittlauch und Knoblauch)
- wenig milde Gewürze
- wenig fluoridiertes Jodsalz
- Gekochtes und Gedünstetes

Übersicht: Ernährung bei Leber- und Gallenerkrankungen

Energie, Nähr- bzw. Wirkstoff/ Alkohol	Akute und chronische Hepatitis	Kompensierte und dekompensierte Leberzirrhose	Gallensteinleiden	Fettleber	Hinweise
Energie	hochkalorisch	hochkalorisch	je nach Bedarf, bei Übergewicht Reduktionskost	bei Mastfettleber Reduktionskost, bei Mangelfettleber hochkalorisch	hochkalorisch = 2500 – 3000 kcal, Reduktionskost = 1200 – 1800 kcal, bedarfsgerecht = 30 kcal/kg KG
Fette	fettreich	fettreich, evtl. MCT-Fette	fettreduziert, evtl. MCT-Fette	fettreduziert	bei Fettverwertungsstörungen evtl. MCT-Fette
Kohlenhydrate	kohlenhydratreich	kohlenhydratreich, bei hepatischer Enzephalopathie Laktulose/ Laktitol (Ziel: drei weiche Stühle)	bedarfsgerecht, ballaststoffreich	bedarfsgerecht, Meiden von Zucker	Wasserlösliche Ballaststoffe (z. B. Psyllium) senken den Cholesterinspiegel und fördern die Verdauung.
Ballaststoffe	ballaststoffreich	ballaststoffreich	ballaststoffreich	ballaststoffreich	evtl. Ballaststoffkonzentrate
Eiweiße (Proteine)	bedarfsgerecht	bedarfsgerecht (0,8 – 1,0 g/kg KG), bei hepatischer Enzephalopathie 0,6 bis 0,8 g/kg KG) und Einnahme von VKAS (0,2 – 0,4 g/kg KG)	bedarfsgerecht	bedarfsgerecht, bei Mangelfettleber eiweißreich (min. 1,0 g/kg KG)	Pflanzliche Eiweiße sind bei hepatischer Enzephalopathie besser verträglich als tierische. VKAS gleichen die Aminosäurenimbalance aus.
Vitamine	bedarfsgerecht	bedarfsgerecht, oftmals Mangel an fettlöslichen Vitaminen (A, D, E und K)	bedarfsgerecht, Mangel an fettlöslichen Vitaminen möglich	bedarfsgerecht	Vitamine A, D, E, K müssen gespritzt werden.
Mineralstoffe	bedarfsgerecht (bei Zinkmangel Zink-Histidin)	bedarfsgerecht, oftmals Mangel an Zink, Eisen, Kalzium und Magnesium		bedarfsgerecht	Zink ist als Zink-Histidin gut aufnehmbar.
Alkohol	verboten	verboten	moderat nach ärztlicher Erlaubnis	bei Alkohol- und Mastfettleber verboten, sonst nach ärztlicher Erlaubnis	Alkohol ist Gift für die Leber.

KG = Körpergewicht

Leckerbissen:
Meine besonderen Lebensmittel

Frisches Obst

Warum ist Obst gut für mich?
Obst schmeckt lecker und enthält reichlich wertvolle Ballaststoffe, dafür aber kaum Eiweiß. Damit es auch für alle Leberzirrhose-Patienten bestens geeignet. Natürlich profitieren auch Patienten mit anderen Lebererkrankungen und natürlich auch Gallensteinleiden von frischem und gekochtem Obst. Besonders lecker sind auch Smoothies (Seite 42) aus frisch pürierten Früchten.

Was muss ich beachten?
Bevorzugen Sie saisonale und einheimische Obstsorten, diese sind vitamin- und mineralstoffreicher, günstig im Einkauf und schonen gleichzeitig die Umwelt.

Frisches Gemüse

Warum ist Gemüse gut für mich?
Alle Menschen – egal ob gesund oder krank – sollten jeden Tag drei Portionen Gemüse essen, so empfehlen es die Fachgesellschaften. Das ist auch für Menschen mit Leber- und Gallenleiden wichtig!

Was muss ich beachten?
In der Regel wird gekochtes Gemüse besser vertragen als rohes. Falls kein frisches Gemüse zur Hand ist, können Sie gut auf Gemüse aus der Tiefkühltruhe ausweichen. Das Tiefkühlgemüse steht dem frischem an Vitaminen und Mineralstoffen oft in nichts nach. Probieren Sie auch mal Green Smoothies oder Gemüsesäfte ohne zugesetztes Salz.

Kräuter

Warum sind Kräuter gut für mich?
Kräuter können nicht nur den Geschmack und das Aussehen von Speisen verbessern, sie fördern auch die Verträglichkeit von Gerichten. Das ist bei vielen Erkrankungen der Leber und »Galle« wichtig. Bei der Leberzirrhose kommt es oft zur Bauchwassersucht (Aszites). Dabei ist es erforderlich, wenig Kochsalz (Natriumchlorid) zu sich zu nehmen.

Was muss ich beachten?
Damit die Speisen und Gerichte trotzdem gut schmecken, ist es wichtig, reichlich Kräuter zu verwenden. Besonders aromatisch sind frische Kräuter, danach kommen tiefgefrorene Kräuter und schließlich getrocknete.

Gewürze

Warum sind Gewürze gut für mich?
Gewürze sind sozusagen das Salz in der Suppe. Aber sie sind gesünder als Salz und damit ein wichtiger Bestandteil einer ausgewogenen Ernährungsweise. Denken Sie nur an Zimt im Apfelmus, Vanille im Kompott, Curry in Suppen, Muskat im Kartoffelbrei oder Paprikapulver im Gulasch. Genau wie Kräuter bringen sie einen tollen Geschmack an die Speisen. Besonders geschmacksintensiv sind Gewürze, wenn sie erst kurz vor dem Verzehr zerkleinert werden. Für Pfeffer bietet sich eine Pfeffermühle an.

Was muss ich beachten?
Prüfen Sie Ihr Gewürzregal und tauschen Sie Gewürze aus, die bereits älter als ein Jahr sind. Auch Gewürze können verderben – in jedem Fall ist der Geschmack und das Aroma nach einem Jahr deutlich schlechter als bei frischen Gewürzen.

Nüsse

Warum sind Nüsse gut für mich?
Nüsse können gesundheitsförderlich sein, wenn sie in Maßen gegessen werden. Bei vielen Lebererkrankungen muss eine Gewichtsabnahme vermieden werden. Da kommt eine Handvoll Nüsse gerade recht. Nüsse enthalten reichlich Fett und relativ wenig Eiweiß und Kohlenhydrate. Ihr Ballaststoffgehalt ist hoch.

Was muss ich beachten?
Nüsse sollten möglichst nicht gesalzen und geröstet sein. Besonders gut eignen sich Walnüsse, Paranüsse oder Haselnüsse. Nüsse können auch Salaten besonders leckere Noten verleihen. Gemahlen können Nüsse auch in Apfelmus, Kuchenteige oder Kartoffelbrei gegeben werden.

MCT-Margarine

Warum sind MCT-Fette gut für mich?
Viele Patienten mit Leber- und Gallenerkrankungen vertragen normale Butter oder Margarine nicht. Streichfett (MCT-Margarine) oder Salatöl (MCT-Öl) schützen vor einer gefährlichen Gewichtsabnahme.

Was muss ich beachten?
Der Körper kennt MCT-Fette in größeren Mengen nicht. Daher sollten Sie anfangs nur 10 – 20 Gramm davon verzehren. Beginnend mit 20 g MCT-Fetten pro Tag, können Sie bei einer täglichen Steigerung um 10 g etwa 100 – 150 g als Tagesmenge gut tolerieren. Eine gleichmäßige Verteilung über mehrere Mahlzeiten am Tag ist empfehlenswert. MCT-Fette sind nicht hoch erhitzbar. Leichtes Andünsten oder Backen ist kein Problem. Die Temperatureinwirkung sollte kurzfristig sein und 120 Grad nicht übersteigen.

Richtig kochen:

So schmeckt die Umstellung

Fettreduzierte Kost

- Gallensteinleiden
- Fettleber

Fett sparen beim Kochen: Fettarme Zubereitungsarten sind das Garen im Römertopf, in der Mikrowelle, im Folienschlauch, im Dünster, im Dampfdrucktopf, in Alufolie, in der Teflonpfanne oder auf dem Grill.

Der Einsatz von Löffeln zum Abmessen der Fettmenge beim Kochen ist eine gute Möglichkeit, Kochfett einzusparen. Gewöhnen Sie sich an, das Öl zum Kochen immer auf einem Löffel abzumessen. Faustregel: 1 EL Öl reicht für 2 Portionen Fleisch, Gemüse oder Salat zur Zubereitung.

Auch teflonbeschichtete Pfannen ermöglichen eine fettarme Zubereitung. Bei diesem Kochgeschirr benötigen Sie nur einige Tropfen Öl zum Braten der Speisen. Das Öl lässt sich mit einem Pinsel gut in der Pfanne verteilen. Teflon verträgt allerdings keine allzu hohen Temperaturen. Wenn die Pfanne zu stark erhitzt wird, kommt es zu brüchigen Stellen in der Beschichtung und diese löst sich vom Metall.

Achten Sie außerdem darauf, dass Sie nur Holz- oder Plastikwender zum Wenden der Speisen verwenden. Die Beschichtung ist äußerst kratzempfindlich. Deshalb muss auch beim Reinigen der Pfanne darauf geachtet werden, dass die Beschichtung nicht zerkratzt wird. Am besten reinigen Sie die Pfanne mit heißem Wasser und einem weichen Schwamm.

Entfetten von Suppen oder Soßen: Lassen Sie die Suppe oder Soße abkühlen und heben Sie das fest gewordene Fett ab. Heißes Fett lässt sich ebenso mit einer ungefärbten Papierserviette oder einem Küchenkrepp entfernen. Ziehen Sie die Serviette oder das Küchenkrepp über die heiße Suppe oder Soße.

Hackbraten »light«: Verwenden Sie anstelle von Ei Haferflocken und trockenen Magerquark zur Bindung des Hackbratens. Mischen Sie außerdem geraspeltes Gemüse wie Karotten, Lauch oder Sellerie unter den Hackfleischteig. Pro Portion rechnen Sie

mit 100 g Gehacktem und 100 g weiteren Zutaten (z. B. 20 g Haferflocken, 20 g Quark und 60 g geraspeltem Gemüse). Würzen Sie mit frisch gehackten Kräutern, Senf, Meerrettich und/ oder Tomatenmark.

Fett sparen beim Backen: Um Fett beim Backen zu sparen, eignet sich der Einsatz von Backpapier. Damit das Papier besser am Blech oder der Form haftet, geben Sie ein paar Tropfen kaltes Wasser auf das Blech oder die Form, bevor Sie das Papier auflegen.

Fettarmer Brotbelag: Haben Sie schon einmal Gemüse oder Kräuter (z. B. fruchtige Tomatenscheiben mit Basilikum bestreut) als alternativen, fettarmen Brotbelag gekostet? Sie machen satt, schmecken gut und eignen sich im Sommer hervorragend für ein leckeres Abendessen auf der Terrasse.

Probieren Sie unter fettem Käse oder Wurst anstelle von Butter oder Margarine einmal folgende Alternativen: unter Leberwurst herzhaften Senf, unter Brie fruchtige Konfitüre oder Tomatenmark. Meerrettich, Quark, Frischkäse (evtl. mit Kräutern, Chili, Paprika usw.) oder Landrahm können Streichfette ebenfalls kalorienarm ersetzen.

Lassen Sie sich Ihre Lieblingssalami an der Wursttheke hauchdünn aufschneiden. So haben Sie den gewohnten Geschmack, aber deutlich weniger Kalorien und Fett auf dem Brot.

Ballaststoffreiche Kost

- Gallensteinleiden
- kompensierte und dekompensierte Leberzirrhose
- akute und chronische Hepatitis
- Fettleber

Ballaststoffreiches Frühstück: Die Ballaststoffmenge lässt sich durch die Auswahl der richtigen Brotsorte deutlich erhöhen. Vollkornbrote, egal ob grob oder fein vermahlene Sorten, liefern deutlich mehr Ballaststoffe als Brote aus hellen Mehlen. Zum Vergleich: 1 Scheibe Vollkornbrot (60 g) liefert 5,1 g Ballaststoffe. Eine Scheibe Weißbrot (60 g) ca. 1,7 g Ballaststoffe.

Die Auswahl der Vollkornbrote ist mittlerweile sehr groß und somit kommt hier sicher keine Langeweile auf. Auch getoastet schmeckt Vollkornbrot sehr lecker. Auch Müsli ist eine wahre Ballaststoffbombe. Durch den Einsatz der richtigen Müslimischung (z. B. 1 gehäufter EL Vollkornhaferflocken, 1 TL Leinsamen, 1 EL Walnüsse, 1 TL Weizenkleie) und einer ballaststoffreichen Obstsorte (z. B. 100 g Brombeeren) liefert dieses Müsli satte 12,5 g Ballaststoffe. Auch getrocknete Früchte oder Nüsse liefern reichlich Ballaststoffe. Diese können im Müsli oder auch als Knabberei zwischendurch gegessen werden.

Besonders ballaststoffreich sind folgende Lebensmittel:
- Vollkornbrot
- Vollkornnudeln
- Obst (insbesondere Beerenobst)
- Gemüse (insbesondere Kohl)

- Hafer-/Weizenkleie
- Nüsse und Samen (kalorienreich)
- Vollkorngetreide (z. B. Vollkornhaferflocken)

Trinkmenge: Achten Sie bei der Umstellung auf eine ballaststoffreiche Kost auf eine ausreichende Trinkmenge – 2 – 2,5 Liter pro Tag. Besonders empfehlenswert sind Mineralwässer, Früchtetees und süßstoffgesüßte Limonaden. Gerade beim Einsatz von Weizenkleie ist das Trinken besonders wichtig. Pro Esslöffel Weizenkleie sollten immer 200 ml Flüssigkeit getrunken werden. Weiterhin sollten Sie die Ballaststoffmenge nur langsam steigern, damit sich Ihr Darm an die »Mehrarbeit« gewöhnen kann. Bei Vorliegen einer Bauchwassersucht (Aszites) muss die Flüssigkeitszufuhr bilanziert werden.

Ballaststoffreiches Mittagessen: Die täglich aufgenommene Ballaststoffmenge lässt sich durch den Verzehr von mehr Gemüse steigern. Beispielsweise können Braten mit Gemüse gefüllt werden. Schneiden Sie eine Tasche in das Fleisch und füllen Sie je nach saisonalem Angebot z. B. Brokkoli oder passiertes Gemüse hinein. Unter einen Hackfleischteig können Sie ebenfalls grob geraspeltes Gemüse mischen oder einen Hackbraten mit fein geschnittenem Lauch anreichern.

Versuchen Sie einmal gekochten Roggen, Weizen, Dinkel oder Grünkern als Beilage. Die Körner werden am Vorabend in Wasser eingeweicht; über Nacht lassen Sie sie abgedeckt im Kühlschrank quellen. Am nächsten Tag das Einweichwasser abgießen und die Körner in Gemüsebrühe in ca. 45 – 60 Minuten garen. Probieren Sie Vollkornreis und -nudeln anstelle von hellem Reis und hellen Nudeln.

Versuchen Sie, generell mehr Salat und Gemüse in Ihren Alltag einzuplanen. Essen Sie vor dem Mittagessen und dem Abendessen eine große Portion Salat oder Rohkost. Sie erhöhen nicht nur die Ballaststoffmenge, das Gemüse sorgt auch für eine angenehme Sättigung vor dem eigentlichen Essen.

Auch als Soßenbinder eignet sich Gemüse ideal. Garen Sie Zwiebeln, Karotten, Sellerie oder Kartoffeln mit und pürieren Sie das Gemüse anschließend. So können Sie sich Soßenbinder, Mehlschwitzen oder Stärkemehl sparen.

Bereiten Sie Gulasch oder Geschnetzeltes mit viel Gemüse zu. Rechnen Sie pro Portion 125 g fein geschnittenes Rind- oder Schweinefleisch und 250 g Gemüse wie z. B. Paprika, Karotten, Tomaten, Zwiebeln, Zucchini oder Pilze.

Ebenfalls wahre Ballaststoffbomben sind Hülsenfrüchte. Versuchen Sie, regelmäßig Hülsenfruchtgerichte (z. B. als Suppen, Eintöpfe oder auch als Salate bzw. Aufstriche, S. 57) einzuplanen.

Eiweißreduzierte Kost

- hepatische Enzephalopathie
- dekompensierte Leberzirrhose

Eine gleichmäßige Verteilung der Eiweißzufuhr über den Tag ist sinnvoll, um den Stoffwechsel nicht übermäßig zu belasten. Daher ist die Einhaltung vieler kleinerer Mahlzeiten wichtig. Um Eiweiß einzusparen, reduzieren Sie die eiweißreichen Lebensmittel, wie Fleisch, Fisch, Geflügel, Eier, Milch- und Milchprodukte und Sojaprodukte.

Zum Frühstück eignet sich hier bestens das altbewährte Honig- oder Marmeladenbrot. Natürlich mit allerlei Variationsmöglichkeiten: Toast mit Akazienhonig, Knäckebrot mit Butter und Erdbeer-Mango-Konfitüre, Vollkornbrot mit Sonnenblumenkernen und Holundergelee usw.

Protein beim Hauptgericht sparen: Besonders einfach lassen sich viele Gerichte aus geschnetzeltem Fleisch abändern. Dazu reduzieren Sie die Fleischmenge und erhöhen die Gemüsemenge des Gerichts deutlich. Auf 100 g Schweineschnitzel (ca. 20 g Eiweiß) kommt 1 große Zwiebel, 200 g Lauch und 200 g Karotten. Die übliche Fleischmenge (ca. 250 g) liefert ca. 55,5 g Eiweiß. Durch das Abändern des Rezeptes sparen Sie einen Großteil des Eiweißes (ca. 45 g) ein. Genauso lassen sich bei Fischgerichten erhebliche Mengen Eiweiß sparen. Pflanzliches Eiweiß belastet die Leber deutlich weniger als tierisches Eiweiß. Weiterhin sind Gemüse und Salat nahezu eiweißfrei und daher in unbegrenzten Mengen essbar.

Fettgehalt: Einen weiteren Einfluss hat die Fettmenge eines tierischen Lebensmittels. Liegt ein hoher Fettgehalt vor, ist der Eiweißanteil niedriger. Daher empfiehlt es sich, bei eiweißarmer bzw. eiweißreduzierter Kost fettreiche tierische Lebensmittel zu bevorzugen. Verwenden Sie zum Verfeinern von Suppen oder Soßen Schlagsahne anstelle von mageren Milchprodukten wie Milch oder Kondensmilch.

Brotbelag: Essen Sie mit ruhigem Gewissen fettreichen Camembert, Brie, Frischkäse oder auch Leberwurst, Streichwurst oder Mettwurst. Ganz eiweißfrei und lecker sind ein fruchtiger, sonnengereifter Tomaten-Basilikum-Brotbelag mit einem Spritzer Balsamicoessig und Olivenöl oder eine Radieschen-Kresse-Mischung mit etwas frisch gemahlenem rotem Pfeffer. Variieren Sie mit allem, was der Garten hergibt, und finden Sie Ihre ganz persönliche Lieblingsvariante.

Zwischenmahlzeiten: Als Zwischenmahlzeiten genießen Sie ein Kompott aus frisch gekochtem Obst mit einem Klecks Schlagsahne, Schmand oder Crème fraîche. Auch ein selbst gemachtes Eis aus reifem Obst, frischem Saft und Zucker liefert nahezu kein Eiweiß.

Hochkalorische Kost

- akute und chronische Hepatitis
- kompensierte und dekompensierte Leberzirrhose
- Mangelfettleber

Zum Süßen der Speisen ist bei einer hochkalorischen Kost Zucker, Honig oder Traubenzucker gut geeignet. Traubenzucker ist nur halb so süß wie Haushaltszucker. Folglich kann – bei gleicher Süße – eine größere Menge verwendet und somit eine höhere Energieaufnahme erzielt werden. Beim Einsatz von tierischen Lebensmitteln, wie Fleisch, Fisch, Milch- und Milchprodukten, sind die fettreichen Sorten deutlich kalorienreicher und liefern damit natürlich eine größere Energiemenge. Die Zubereitung von Beilagen sollte ebenfalls fettreich gestaltet werden. Gut geeignet sind beispielsweise Bratkartoffeln, Kartoffelpuffer bzw. Rösti, Kroketten, Pommes frites, Klöße/Knödel (in der Pfanne angebraten), Püree mit Butter und Sahne oder Kartoffelgratin.

Kochfett: Als Kochfett empfiehlt sich ein hochwertiges Fett (z. B. Raps-, Oliven-, Maiskeim- oder Sonnenblumenöl) oder Diätmargarine. Butter, Sahne oder Mayonnaise können Sie auch einsetzen, sie sollten jedoch nicht täglich gegessen werden. Beim Einsatz von zu viel Fett können Unverträglichkeiten auftreten. Hier bieten sich MCT-Fette (mittelkettige Triglyzeride) an. Diese Fette können ohne Gallenflüssigkeit verdaut und aufgenommen werden. Es gibt sie in jedem Reformhaus. Sie sind als Koch- und Streichfette erhältlich.

Energiereiche Snacks: Energiereiche, gesunde Alternativen auf dem täglichen Speiseplan können beispielsweise italienische Antipasti, mediterrane Brotaufstriche mit Olivenöl oder Pesto, Oliven im Salat sowie Nüsse oder Samen sein (z. B. zum frischen Obstsalat oder als Snack zwischendurch). Energiereiche Obstsorten sind Bananen, Kirschen, Weintrauben, Pflaumen oder Avocados und Trockenobst.

Abkürzungen

BS	Ballaststoffe
Cu	Kupfer
E	Eiweiß
F	Fett
Fe	Eisen
Fett i. Tr.	Fett in der Trockenmasse
kcal	Kilokalorien
KH	Kohlenhydrate
g	Gramm
mg	Milligramm
ml	Milliliter
EL	Esslöffel
TL	Teelöffel
Msp.	Messerspitze

Wer nicht fragt …

Antworten auf häufige Fragen

Kann man mit MCT-Fetten anbraten?

» Ja, aber: MCT-Fette in Form von MCT-Speiseöl bitte nur minimal erhitzen. MCT-Fette haben einen niedrigen Rauchpunkt und sind sehr empfindlich. Daher nur leicht erhitzen und nur kurz leicht 15 – 30 Sekunden anbraten (minimale Bräunung) bei niedriger Stufe. Sonst zerfallen die Fette und es schmeckt bitter. Bei 9 Stufen-Platten maximal Stufe 3 oder 4 und bei 3 Stufen maximal Stufe 1. Rührei lässt sich beispielsweise gut mit MCT-Öl zubereiten.

Kann man mit MCT-Fetten backen?

» Ja, aber auch dabei darf nicht vergessen werden, dass die Temperatur in Kuchen oder Gebäck nicht die Temperatur erreicht, den Sie für den Backofen einstellen. Gerade bei wasserreichen Teigen liegt die Temperatur deutlich darunter. Suchen Sie Kuchenteige aus, die maximal eine Temperatur von 140 – 150 Grad im Backofen benötigen. Im Zweifelsfall lassen Sie den Kuchen etwas länger im Backofen. Bei höheren Temperaturen kann das MCT-Fett – Sie können mit MCT-Öl oder -Margarine backen – zerfallen und der Teig schmeckt bitter.

Wie kann ich fettarm kochen?

» In beschichteten Pfannen können Sie leicht auch ohne viel Fett braten. Vergessen Sie dabei aber nicht, dass beim Anbraten reichlich Röststoffe entstehen können, die viele Menschen nicht gut vertragen. Leckere Speisen gelingen auch im Bratschlauch oder dem Römertopf. Auch Dämpfen, Dünsten, Kochen und Backen sind fettarm möglich. Viele fettarme Zubereitungsmethoden bringen nur dann ein leckeres Ergebnis, wenn Sie reichlich Kräuter und Gewürze verwenden und mit frischen Produkten arbeiten.

Wie kann ich Salz sparen?

» Wenn Sie an Salz sparen sollten, ist es wichtig, dass Sie mit hochwertigen und frischen Lebensmitteln arbeiten. Sonst wird sich kein gutes Geschmackserlebnis einstellen können. Eine kleine Prise Salz dürfen Sie in der Regel kurz vor dem Anrichten zufügen – und das reicht fast immer aus.

Muss ich alles kochen oder dünsten, weil ich Schonkost essen muss?

» Eine Schonkost müssen Sie nicht einhalten, wenn Sie unter einer Erkrankung der Leber oder der Gallenwege leiden. Wenn Sie aber (noch) nicht wissen, was Sie gut vertragen können, können wir Ihnen den Tipp geben, dass gegarte Speisen praktisch immer besser vertragen werden als rohe.

Haben Sie einen Tipp für leckere Dressings?

» Ein Dressing kann auch ohne (viel) Salz sehr gut schmecken. Die Grundlage bilden geschmacksintensive Öle (beispielsweise Walnussöl oder Kürbiskernöl) und hochwertiger Essig (beispielsweise Rotweinessig oder Aceto Balsamico). Dazu kommen Pfeffer (gerne auch mal bunter Pfeffer, grüner Pfeffer), etwas Zucker oder Süßstoff und natürlich passende Kräuter und Gewürze. Eine kleine Prise Salz ist in der Regel kein Problem. Lecker ist auch etwas frisch geriebener Meerrettich oder ein halber Teelöffel scharfer Senf.

Ich kann Obst und Gemüse nicht so gut vertragen. Was tun?

» Rohes Obst und Gemüse werden tatsächlich oft schlecht vertragen. Häufig ist es schon ausreichend, Gemüse und Obst kurz mit kochendem Wasser zu übergießen. Auch das Schälen und sehr gutes Kauen verbessern die Verträglichkeit. Wenn Sie Rohkost-Salate nicht mehr vertragen können, versuchen Sie doch einmal »gekochte Salate« mit gekochten Möhren, Kohlrabi, Sellerie oder Kohl. Tiefgefrorenes Obst und Gemüse werden in der Regel auch sehr gut vertragen.

Ich fühle mich aufgebläht, wenn ich Brot esse. Was tun?

» Frisches Brot wird von vielen Menschen sehr schlecht vertragen. Fragen Sie den Bäcker nach abgelagertem Brot. Wenn Sie einmal nur frisches Brot erhalten, können Sie sich helfen, indem Sie Brot kurz im Toaster toasten. Dadurch wird es leichter verdaulich.

Heute bleibt die Küche kalt...

Unterwegs essen

Unterwegs sein, zur Arbeit gehen oder Urlaub machen, ganz normale Dinge können Sie natürlich tun als Leber- oder Gallenleiden-Betroffener. Keine Angst davor. Sie können natürlich auch weiterhin in Urlaub fahren, am kalten Büfett auswählen und mit Ihren Lieben ins Restaurant gehen. Natürlich gelten auch hier individuelle Empfehlungen. Fragen Sie auch Ihre Diätassistentin nach speziellen Empfehlungen, die für Sie und Ihre Erkrankung zutreffend sind.

Unterwegs essen bei Gallensteinleiden

Wenn Sie unter Gallensteinen leiden oder nach einer Gallenstein-Operation außer Haus essen möchten, sollten Sie genau darüber nachdenken, was gut für Sie ist und was nicht. Wie schon erwähnt, gibt es keine für jeden Patienten gültige »Gallendiät«. Wenn Sie ein Ernährungstagebuch geführt haben, haben Sie es besonders einfach, denn Sie wissen genau, was Sie vertragen und was nicht. Das sollte für Sie die Grundlage Ihres Ausfluges in ein Restaurant oder den Gang ans Büfett sein. Wählen Sie aus der Speisekarte Gerichte aus, die Sie gut vertragen, oder fragen Sie den Kellner, ob Sie kurz mit dem Küchenchef sprechen können, damit Sie aus dem Speisenangebot richtig auswählen können.

Achtung Alkohol und Eiweiß

Achten Sie auch unterwegs darauf, dass Sie keinen Alkohol aufnehmen. Gerade in Desserts und Kuchen stecken oft größere Mengen Alkohol und das kann Ihrer Leber entscheidend schaden. Wenn Sie außer Haus essen, sollten Sie auf Mineralwasser, Mocktails (alkoholfreie Cocktails) oder frisch gepresste Säfte zurückgreifen. Bei hepatischer Enzephalopathie müssen Sie beim Eiweiß aufpassen und daher sind T-Bone-Steak und andere Eiweißbomben nicht für Sie geeignet. Wählen Sie Kartoffel- oder Gemüsegerichte. Auch ein schöner Salat kann eine gute Wahl sein (ohne Käse, Eier, Tunfisch oder Geflügelfiletstreifen).

Wenn Sie nach ärztlicher Empfehlung salzarm essen sollen, informieren Sie den Küchenchef, damit er auf das Salzen verzichtet. Dann ist es natürlich wichtig, dass Sie den Salzstreuer, der auf dem Tisch steht, nicht zum Nachsalzen verwenden. Eine leckere Rote Grütze, frischer Obstsalat oder Rohkost gehen aber praktisch immer. Oder Sie wählen leckere Antipasti, denn Oliven in Öl oder eingelegte gegrillte Gemüse sind nicht eiweißreich und schmecken einfach toll.

Ernährungs-Navi: Hier geht's lang

Geeignete und weniger geeignete Lebensmittel

	Gallensteinleiden	Hepatitis	Fettleber	Leberzirrhose
Obst, Gemüse und Pilze	gut geeignet – auf Verträglichkeit achten	gut geeignet – auf Verträglichkeit achten	gut geeignet, nicht mehr als 2 Portionen Obst am Tag	gut geeignet – auf Verträglichkeit und den Eiweißgehalt achten
Nüsse	eher meiden, da sehr fettreich	hochkalorisch, gut geeignet – in der Regel sehr gut verträglich	1 Handvoll am Tag	hochkalorisch, gut geeignet – bei Fettunverträglichkeit meiden – den Eiweißgehalt beachten
Milchprodukte und Käse	normale Portionen, eher fettarme Sorten auswählen	normale Portionen, eher fettreiche Sorten auswählen	normale Portionen, eher fettarme Sorten auswählen	normale Portionen – bei hepatischer Enzephalopathie die Eiweißtoleranz beachten – eher fettreiche Sorten auswählen
Fleisch, Wurstwaren, Fisch und Meeresfrüchte	normale Portionen, nicht scharf angebraten, eher fettarme Sorten auswählen	normale Portionen, eher fettreiche Sorten auswählen	normale Portionen, eher fettarme Sorten auswählen	normale Portionen – bei hepatischer Enzephalopathie die Eiweißtoleranz beachten – eher fettreiche Sorten auswählen
Kuchen und Süßigkeiten	kleinere Portionen, eher fettarme Produkte auswählen	normale Portionen, eher fettreiche Produkte auswählen	durch den hohen Zucker- und Fettgehalt schlecht geeignet	bei Kuchen und Süßigkeiten muss der Eiweißgehalt beachtet werden

	Gallensteinleiden	Hepatitis	Fettleber	Leberzirrhose
Fast Food und Fertigspeisen	oft sehr schwer verträglich, gut Verträgliches in normalen Portionen	normale Portionen	durch den oft hohen Fett- und Zuckergehalt schlecht geeignet	bei Fast Food und Fertigspeisen muss der Eiweiß- und Salzgehalt beachten werden
Getränke	1,5–2 Liter, oft werden starker Kaffee/Espresso und alkoholische Getränke sehr schlecht vertragen	1,5–2 Liter, grundsätzlich kein Alkohol	1,5–2 Liter zuckerfreie Getränke, Meidung von Alkohol	bei Aszites nach Flüssigkeitsbilanz, grundsätzlich kein Alkohol, sonst 1,5–2 Liter

Rezepte –

reichhaltig und lecker

Einkaufsliste (für 2 Personen)

Milchprodukte, Eier

- 4 EL Magerquark
- 4 EL fettarmer Joghurt
- 500 ml fettarme Milch
- 200 g saure Sahne
- 2 EL geriebener Käse, 30 % Fett i. Tr.
- 175 g Halbfettbutter
- 30 g Parmesan
- 10 Eier

Fleisch, Fisch

- 6 dünne Scheiben Lachsschinken
- 4 dünne Scheiben Serranoschinken
- 250 g Kabeljaufilet
- 80 g geräucherter Lachs
- 150 g frisches Lachsfilet
- 200 g Hähnchenbrustfilet

Obst und Gemüse

- 2 Äpfel
- 2 kleine Orangen
- 4 Chicoréestauden
- 1 kg Tomaten
- 3 Zwiebeln
- 1 Frühlingszwiebel
- 4 Knoblauchzehen
- je 2 rote und grüne Paprikaschoten
- 1 gelbe Paprikaschote
- 1 kleine Aubergine
- 1 kleine Zucchini
- 400 g Süßkartoffeln
- 500 g mehligkochende Kartoffeln
- 16 Stangen grüner Spargel

Mehl und Co.

- 1 kg Weizenvollkornmehl
- 250 g Weizenbackschrot Type 1700
- 125 g Weizenmehl Type 405
- 125 g Dinkelvollkornmehl
- 80 g Weizenmehl Type 550
- 2 Würfel frische Hefe
- 4 gehäufte EL Couscous
- 2 gehäufte EL Weizengrieß
- 200 g Haferflocken
- 140 g Hirse
- 125 g Sushireis

Sonstiges

- 8 EL Pflaumenmus
- 2 EL Haselnussmus
- 125 g ganze Haselnüsse
- 2 EL Haselnüsse, gehackt
- flüssiger Süßstoff
- 3 EL Tomatenmark
- 2 EL Oliven
- 1 TL Kapern
- 4 große getrocknete Tomaten
- 200 ml Tomatensaft
- Sojasoße
- eingelegter Ingwer
- Wasabipulver
- Reisessig

Kräuter und Gewürze

- frische Kräuter (Petersilie, Schnittlauch, Basilikum)
- getrockneter Basilikum
- Salbei
- Majoran
- Thymian
- Muskatnuss
- Rosmarin
- Kardamom, gemahlen
- Kräuter der Provence
- Paprika
- Cayennepfeffer

In 7 Tagen zur neuen Ernährung

Sie werden schnell merken, dass es gar nicht schwer ist, leckere Gerichte zu zaubern, die Sie problemlos vertragen. Auch wenn Ihnen Leber oder Galle Probleme bereiten – eine fade Schonkost brauchen Sie nicht. Mit unseren Rezepten tun Sie Ihrem Körper etwas Gutes und genießen dabei mit allen Sinnen. Und das Beste: Familie und Gäste essen die köstlichen Speisen gerne mit! Am besten gewöhnen Sie sich an, Ihre Woche im Voraus zu planen.

Frühstück: Apfelquark (Seite 37)

Mittagessen: Chicoréegratin (Seite 68)

Abendessen: Bagel (Seite 128) mit Aufschnitt

Frühstück: Bagel (Seite 128) mit Honig

Mittagessen: Kabeljau mit Tomaten-Oliven-Soße (Seite 80)

Abendessen: Couscous Casablanca (Seite)

Frühstück: Porridge mit Pflaumenmus (Seite 39)

Mittagessen: Hirse vom Blech (Seite 96)

Abendessen: Grüner Spargel mit Schinken (Seite 54)

Frühstück: Porridge mit Pflaumenmus (Seite 39)

Mittagessen: Süßkartoffelrösti mit Lachs (Seite 86)

Abendessen: Haselnussbrot (Seite 132) mit Käse

Frühstück: Haselnussbrot (Seite 132) mit Marmelade

Mittagessen: Ratatouillequiche (Seite 72)

Abendessen: Lachs Nigiri (Seite 85)

Frühstück: Haselnussbrot (Seite 132) mit Marmelade

Mittagessen: Hähnchenschaschlik (Seite 76)

Abendessen: Tomatensuppe (Seite 50)

Frühstück: Indisches Rührei (Seite 47)

Mittagessen: Gnocchi mit Salbeibutter (Seite 65)

Abendessen: Haselnussbrot (Seite 132) mit Aufschnitt

Frühstück

Frischer Start in den Tag

Beerenmüsli

Für 2 Portionen • gelingt leicht
⏲ 10 Min. + 30 Min. Quellzeit

400 g Naturjoghurt, 1,5 % Fett • 4 EL Haferflocken • 1 EL Sonnenblumenkerne • 1 EL Sesamkerne • 150 g Erdbeeren • 150 g Heidelbeeren

- Joghurt mit den Flocken und den Kernen vermischen und ca. 30 Min. quellen lassen.

- Die Beeren putzen, vorsichtig waschen, große Erdbeeren vierteln. Früchte unter den vorbereiteten Joghurt mengen.

Nährwerte pro Portion
355 kcal • 14 g E • 15 g F • 33 g KH • 3,9 mg Fe • 0,7 mg Cu

Auch prima als Brotbelag

Apfelquark

Für 2 Personen • geht schnell
⏲ 10 Min.

4 EL Magerquark • 2 Schuss Mineralwasser (kohlensäurehaltig) • 2 EL fettarmer Joghurt • Zimt • flüssiger Süßstoff • 2 mittelgroße Äpfel • 2 TL Zitronensaft

- Den Quark mit dem Mineralwasser verrühren. Den Joghurt mit einem Schneebesen unterrühren. Die Quarkmasse mit dem Zimt und dem Süßstoff abschmecken.

- Die Äpfel abspülen, halbieren und vom Kerngehäuse befreien. Die Apfelhälften mit Zitronensaft beträufeln, in kleine Stücke schneiden und unter die Quarkmasse mischen.

Leberzirrhosepatienten tauschen den Magerquark gegen Sahnequark aus. Und anstelle von Joghurt nehmen Sie 2 EL Schlagsahne. Statt des Süßstoffs können Sie auch 2 TL Zucker verwenden (210 kcal, 6 g E).

Gallensteinpatienten sollten vorsichtig austesten, ob sie Äpfel vertragen.

Nährwerte pro Portion
122 kcal • 9 g E • 1 g F • 18 g KH • 0,9 mg Fe • 0,1 mg Cu

Süß-salzige Kombination

Schlemmerfrühstück

Für 2 Personen • geht schnell
15 Min.

2 kleine Grapefruits • flüssiger Süßstoff • 4 Scheiben Vollkornbrot • 2 EL Magerquark • 2 TL Honig • 2 Scheiben Ziegenkäse, 45 % Fett i. Tr. • 2 kleine Tomaten • 2 Stängel Basilikum

- Grapefruits heiß abspülen und halbieren. Die Hälften mit flüssigem Süßstoff süßen. Zwei Scheiben des Vollkornbrots mit dem Quark und dem Honig bestreichen, die anderen mit dem Ziegenkäse belegen. Tomaten waschen und in Spalten schneiden. Die Käsebrote mit Tomaten und Basilikum garnieren und auf einer Platte anrichten. Mit den Grapefruits servieren.

Gallensteinpatienten vertragen als Streichfett sehr gut MCT-Margarine.

Leberzirrhosepatienten tauschen den Magerquark gegen Sahnequark und Schnittkäse gegen Weichkäse mit 60 % Fett aus (395 kcal, 14 g E).

Nährwerte pro Portion
381 kcal • 19 g E • 10 g F • 49 g KH • 3,2 mg Fe • 0,5 mg Cu

Käse & Obst – lecker

Fruchtiges Frühstück

Für 2 Personen • gelingt leicht
10 Min.

2 Scheiben Dinkelvollkornbrot • 2 Scheiben Roggenvollkornbrot • 4 Msp. Halbfettdiätmargarine • 2 Scheiben Edamer, 30 % Fett i. Tr. • 2 Scheiben Bergkäse, 45 % Fett i. Tr. • 2 kleine Pfirsiche • 200 g Weintrauben

- Die Brotscheiben mit der Halbfettmargarine bestreichen und jeweils eine Käsescheibe auf jede Brotscheibe legen.

- Die Früchte abspülen, die Pfirsiche halbieren und in schmale Spalten schneiden. Die Trauben einmal durchschneiden. Die Brote mit dem Obst belegen und sofort servieren.

Leberzirrhosepatienten tauschen die Halbfettmargarine gegen Butter aus und erhöhen die Menge auf 2 EL. Weiterhin wählen Sie als Käse 30 g Doppelrahmfrischkäse (510 kcal, 10 g E).

Gallensteinpatienten tauschen die Halbfettbutter gegen MCT-Margarine aus.

Nährwerte pro Portion
484 kcal • 24 g E • 18 g F • 55 g KH • 3,3 mg Fe • 0,6 mg Cu

Begeistern die ganze Familie

Früchtebrötchen

Für 2 Personen • gelingt leicht
15 Min.

2 Vollkornbrötchen • 5 EL Magerquark • kohlensäurehaltiges Mineralwasser • Mark von 1 Vanilleschote • flüssiger Süßstoff • 4 EL Brombeeren • 1 mittelgroße Birne • 1 TL Zitronensaft

- Die Brötchen halbieren. Magerquark und Mineralwasser cremig rühren. Den Quark mit dem Vanillemark und dem Süßstoff abschmecken. Die Brombeeren mit einer Gabel unter die Quarkmasse mengen und die Beeren leicht zerdrücken. Die Brötchenhälften mit dem Beerenquark bestreichen.

- Die Birne waschen, entkernen, in Spalten schneiden, mit Zitronensaft beträufeln und auf den Brötchenhälften verteilen.

Leberzirrhosepatienten tauschen den Magerquark gegen 2 gehäufte EL Sahnequark und das Mineralwasser gegen 1 EL Schlagsahne aus. Statt des flüssigen Süßstoffs können Sie 1 TL Zucker verwenden (311 kcal, 9 g E).

Nährwerte pro Portion
255 kcal • 14 g E • 2 g F • 44 g KH • 2,6 mg Fe • 0,4 mg Cu

Cremig-lecker

Porridge mit Pflaumenmus

Für 2 Personen • preisgünstig
5 Min. + 5 Min. Garzeit

250 ml Wasser • 100 g Haferflocken • 1 Prise Salz • 1 EL Honig • 4 EL Pflaumenmus

- Wasser in einen Topf geben und Haferlocken und Salz zugeben. Unter Rühren zum Kochen bringen und zu einem dicken Brei kochen.

- Porridge mit dem Honig süßen und mit dem Pflaumenmus servieren.

Tipp Um das Gericht kalorisch anzureichern, gießen Sie 50 ml Schlagsahne vor dem Servieren über das Porridge. Dadurch erhöht sich der Energieanteil um ca. 70 kcal.

Frühstück zum Trinken

Heidelbeer-smoothie

Für 2 Personen • geht schnell
10 Min.

200 g Heidelbeeren • 1 Becher Naturjoghurt, 1,5 % Fett • 150 ml Milch, 1,5 % Fett • 2 geh. EL Vollkornhaferflocken

- Heidelbeeren waschen, evtl. verlesen und abtropfen lassen. Joghurt und Beeren in ein großes Mixglas geben und mit dem Stabmixer kräftig pürieren. Mit der Milch aufgießen, die Haferflocken zugeben und nochmals kräftig durchmixen.

- Den Heidelbeersmoothie in zwei große Gläser füllen und gleich servieren.

Nährwerte pro Portion
187 kcal • 8 g E • 4 g F • 27 g KH • 1,7 mg Fe • 0,2 mg Cu

Fruchtig-frischer Shake

Himbeer-Buttermilch

Für 2 Personen • gelingt leicht
10 Min.

200 g Himbeeren • 500 ml Buttermilch • 1 Vanilleschote • 1 EL Ahornsirup

- Himbeeren vorsichtig waschen, entkelchen und abtropfen lassen. Beeren und Buttermilch in ein hohes Mixglas geben und kräftig pürieren.

- Vanilleschote der Länge nach halbieren und das Mark herauskratzen. Zusammen mit dem Ahornsirup zu dem Shake geben und nochmals kräftig durchmixen.

- Den Himbeer-Vanille-Shake in zwei hohe Gläser gießen und gleich servieren.

Nährwerte pro Portion
156 kcal • 9 g E • 2 g F • 23 g KH • 1,4 mg Fe • 0,2 mg Cu

Vitamine für die kalte Jahreszeit

Vitaminbombe

Für 2 Personen • gelingt leicht
5 Min.

1 Banane • 2 EL Ananasstücke • 1 kleines Glas frisch gepresster Orangensaft • 1 kleines Glas Ananassaft • 1 kleines Glas Multivitaminsaft

- Die Banane schälen und zusammen mit den Ananasstücken mithilfe eines Pürierstabs gut zerkleinern.

- Vorsichtig die Säfte dazugeben und kräftig mixen. In zwei große Gläser füllen und sofort servieren.

Tipp Genießen Sie diesen Fruchtcocktail in der nasskalten Jahreszeit zum Frühstück – als zusätzlichen Schutz vor Erkältungen. Er enthält mehr als die Hälfte des Tagesbedarfs an Vitamin C.

Nährwerte pro Portion
140 kcal • 2 g E • 0 g F • 29 g KH • 1,0 mg Fe • 0,2 mg Cu

» Heidelbeersmoothie

Schöner Sommerdrink

Erdbeersmoothie

Für 2 Personen • geht schnell
5 Min.

200 g Erdbeeren • 300 g fettarmer Joghurt • flüssiger Süßstoff • etwas Pfeffer, frisch gemahlen

- Die Erdbeeren abspülen, putzen und halbieren. Den Joghurt und die Erdbeeren mithilfe eines Pürierstabs gut vermixen und mit Süßstoff abschmecken.

- Nach Belieben etwas frisch gemahlenen Pfeffer zugeben.

Leberzirrhosepatienten tauschen den Joghurt gegen 200 ml Vollmilch und 100 ml Schlagsahne aus. Anstelle des Süßstoffs verwenden Sie 2 EL Honig (302 kcal, 5 g E).

Nährwerte pro Portion
131 kcal • 6 g E • 6 g F • 12 g KH • 1,0 mg Fe • 0,1 mg Cu

Fein mit frischen Kräutern

Frühlingskäse

Für 2 Personen • geht schnell
5 Min.

6 EL körniger Frischkäse • 2 Frühlingszwiebeln • 2 EL gehackte Kräuter (Petersilie, Schnittlauch, Dill) • Salz • Pfeffer, frisch gemahlen • Paprikapulver, edelsüß

- Den Frischkäse in eine kleine Schüssel geben. Die Frühlingszwiebeln abspülen, putzen und in feine Ringe schneiden.

- Die Kräuter zusammen mit den Zwiebelringen unter den Frischkäse mischen. Mit den Gewürzen abschmecken und sofort servieren.

Gallensteinpatienten tauschen die Frühlingszwiebel gegen eine kleine Tomate aus. Anstelle des Schnittlauchs verwenden Sie Basilikum.

Leberzirrhosepatienten tauschen den Frischkäse gegen 2 gehäufte EL Doppelrahmfrischkäse und 2 EL weiche Butter aus (222 kcal, 3 g E).

Nährwerte pro Portion
56 kcal • 8 g E • 1 g F • 3 g KH • 0,3 mg Fe • 0 mg Cu

Knackiger Brotaufstrich

Hüttenkäse mit Radieschen

Für 2 Personen • gelingt leicht
5 Min.

4 EL Hüttenkäse • 8 Radieschen • frische Kräuter (Kresse, Schnittlauch) • Salz • Pfeffer, frisch gemahlen

- Den Hüttenkäse in eine kleine Schüssel geben. Die Radieschen abspülen, putzen und in schmale Scheiben schneiden.

- Die Kräuter abspülen, trocken schütteln und klein schneiden. Alle Zutaten miteinander vermengen und mit Salz und Pfeffer abschmecken.

Gallensteinpatienten streichen den Schnittlauch von der Zutatenliste und verwenden stattdessen Petersilie.

Leberzirrhosepatienten verwenden statt Hüttenkäse 2 EL Doppelrahmfrischkäse und 2 EL Sahnequark (149 kcal, 6 g E).

Nährwerte pro Portion
55 kcal • 8 g E • 1 g F • 3 g KH • 0,7 mg Fe • 0 mg Cu

» Erdbeersmoothie

Unsagbar lecker

Aprikosen-Vanille-Konfitüre

Für etwa 1,5 kg Konfitüre • gelingt leicht
30 Min.

1 kg Aprikosen • 1 Vanillestange • 500 g Gelierzucker (2 : 1)

● Die Aprikosen waschen, halbieren, entsteinen und klein schneiden. Die Vanilleschote der Länge nach aufschneiden und das Mark herauskratzen. Die Aprikosen mit einem Pürierstab musig zerkleinern. Vanillemark, Vanilleschote und Aprikosenmus in einen Kochtopf geben. Den Zucker hinzufügen.

● Die Masse unter ständigem Rühren bei starker Hitze zum Kochen bringen, mindestens 4 Min. sprudelnd kochen lassen und von der Kochstelle nehmen. Die Konfitüre evtl. abschäumen und sofort randvoll in vorbereitete Gläser füllen. Mit Twist-off-Deckeln verschließen und auf den Deckel stellen.

Gallensteinpatienten sollten vorsichtig austesten, ob sie die Konfitüre vertragen.

Nährwerte pro Portion
33 kcal • 0 g E • 0 g F • 8 g KH • 0,1 mg Fe • 0 mg Cu

Herbstlicher Brotaufstrich

Apfel-Zimt-Marmelade

Für 1,4 kg Marmelade • preisgünstig
45 Min.

1 kg Äpfel • etwas Wasser oder Apfelsaft • 1 unbehandelte Zitrone • 1 Packung Geliermittel für kalorienreduzierte Konfitüre (z. B. Dr. Oetker Gelfix Super 3 : 1) • 350 g Zucker oder Fruchtzucker • Zimt

● Die Äpfel abspülen, schälen, vom Kerngehäuse befreien und in Stücke schneiden. Die Apfelstücke mit etwas Wasser oder Apfelsaft in einen großen Topf geben. Die Zitrone auspressen und den Saft hinzufügen. Die Äpfel 10 Min. kochen und mit einem Pürierstab grob zerkleinern.

● Geliermittel und Zucker mit dem Schneebesen einrühren und unter Rühren zum Kochen bringen. Mind. 3 Min. sprudelnd kochen lassen.

● Die Marmelade mit dem Zimt abschmecken und sofort randvoll in vorbereitete Gläser füllen und mit Schraubdeckeln verschließen. Die Gläser umdrehen und auf dem Deckel stehen lassen.

Nährwerte pro Portion
21 kcal • 0 g E • 0 g F • 5 g KH • 0,1 mg Fe • 0 mg Cu

Beerig lecker

Johannisbeer-Brombeer-Gelee

Für etwa 1,5 kg Gelee • gelingt leicht
20 Min.

500 g rote Johannisbeeren • 500 g Brombeeren • 350 g Zucker • 1 Packung Geliermittel für kalorienreduzierte Konfitüre (z. B. Dr. Oetker Gelfix Super 3 : 1) • 1 TL Zitronensäure

● Die Beeren verlesen, abspülen und in ½ l Wasser circa 5 Min. kochen. Durch ein Safttuch pressen und den Saft auffangen. 1 Liter Saft abmessen und in einen Topf geben.

● Das Gelierpulver mit 2 EL Zucker und der Zitronensäure mischen, zum Saft geben und unter Rühren zum Kochen bringen.

● Den restlichen Zucker dazugeben und die Masse mind. 3 Min. kochen lassen. Das Gelee evtl. abschäumen und sofort randvoll in vorbereitete Gläser füllen. Mit Twist-off-Deckeln verschließen und auf dem Deckel stehen lassen.

Nährwerte pro Portion
26 kcal • 0 g E • 0 g F • 5 g KH • 0,1 mg Fe • 0 mg Cu

Mediterranes Frühstück

Baguette Greek

Für 2 Personen • gelingt leicht
⏲ 10 Min.

120 g Körnerbaguette • 2 TL rotes Pesto (Glas) • 40 g Schafskäse • 2 Blätter Eisbergsalat • 2 Frühlingszwiebeln

● Das Baguette quer halbieren und mit Pesto bestreichen. Schafskäse in schmale Scheiben schneiden, den Eisbergsalat waschen, trocknen und in mundgerechte Stücke schneiden. Frühlingszwiebeln waschen, putzen und in schmale Röllchen schneiden.

● Salatblätter auf die vorbereiteten Baguettescheiben legen, mit den Schafskäse belegen und die Frühlingszwiebeln darauf verteilen.

Nährwerte pro Portion
231 kcal • 9 g E • 10 g F • 26 g KH • 2,2 mg Fe • 0,3 mg Cu

Herzhaft-pikant

Birnen-Camembert-Toast

Für 2 Personen • geht schnell
⏲ 15 Min. + 10 Min. Garzeit

4 Scheiben Vollkorntoast • 2 mittelgroße Birnen • 1 TL Zitronensaft • 2 EL Preiselbeermarmelade • 120 g Camembert, 30 % Fett i. Tr.

● Die Brotscheiben leicht toasten. Die Birnen abspülen, vom Kerngehäuse befreien, in schmale Scheiben schneiden und leicht mit Zitronensaft beträufeln. Die Toastbrote mit der Preiselbeermarmelade bestreichen.

● Den Grill des Backofens vorheizen. Die Birnenspalten auf den beiden Broten verteilen. Den Camembert in schmale Scheiben schneiden und über die Birnen verteilen. Die Toastbrote im Ofen kurz überbacken, bis der Käse zu schmelzen beginnt.

Nährwerte pro Portion
433 kcal • 19 g E • 11 g F • 66 g KH • 2,1 mg Fe • 0,4 mg Cu

Ganz leicht

Mediterranes Rührei

Für 2 Personen • geht schnell
⏲ 20 Min.

2 kleine Tomaten • 2 EL fettarme Milch • 2 kleine Eier • Salz • Pfeffer, frisch gemahlen • 4 Blätter Basilikum • je 2 kleine Zweige Thymian und Rosmarin • 1 mittelgroßes Stück Schafskäse • 1 TL Olivenöl

● Tomaten in kleine Würfel schneiden. Die Milch unter die Eier schlagen und mit Salz, Pfeffer und Basilikum abschmecken. Thymian und den Rosmarin von den Stängeln zupfen. Klein schneiden und mit den Tomatenwürfeln unter die Eimasse geben.

● Den Schafskäse in kleine Stücke schneiden und zugeben. Die Eiermasse im Öl zu Rührei braten.

Leberzirrhosepatienten streichen den Schafskäse von der Zutatenliste und verwenden anstelle von Milch 2 EL Schlagsahne und erhöhen die Ölmenge auf 2 EL (249 kcal, 6 g E).

Nährwerte pro Portion
131 kcal • 8 g E • 10 g F • 3 g KH • 1,3 mg Fe • 0,1 mg Cu

Mit einem Hauch Exotik

Indisches Rührei

Für 2 Personen • geht schnell
⏲ 10 Min. + 5 Min. Garzeit

2 Eier • 2 EL Milch, 1,5 % Fett • Salz • Pfeffer • Curry • 1 Tomate • 1 Lauchzwiebel • 1 TL Rapsöl

- Eier in einen tiefen Teller aufschlagen, Milch zugeben und mit einem Schneebesen oder einer Gabel verquirlen. Mit den Gewürzen abschmecken.

- Tomate und Lauchzwiebel waschen, putzen, Tomate in kleine Würfel schneiden und Lauchzwiebel in schmale Scheiben schneiden.

- Öl in einer beschichteten Pfanne erhitzen, Eiermilch zugeben und auf kleiner Flamme stocken lassen. Während des Stockens das vorbereitete Gemüse untermengen und sofort servieren.

Tipp Verwenden Sie zum Wenden in einer beschichteten Pfanne stets Holz- oder Plastikpfannenwender, da diese die Beschichtung der Pfanne nicht beschädigen.

Nährwerte pro Portion
134 kcal • 9 g E • 10 g F • 2 g KH • 1,6 mg Fe • 0,1 mg Cu

Kleine Gerichte

Herbstliche Lieblingssuppe
Hokkaido-Apfel-Suppe

Für 2 Personen • preisgünstig
⏲ 20 Min. + ca. 20 Min. Garzeit

1 Stück Hokkaidokürbis (ca. 230 g) • 1 Apfel (ca. 140 g) • 1 Zwiebel • 1 EL Kürbiskernöl • 1 EL Ahornsirup • 400 ml Gemüsebrühe • Salz • Pfeffer • Curry • Zimt

- Kürbis und Apfel waschen, entkernen und das Fruchtfleisch jeweils in grobe Würfel schneiden. Zwiebel schälen und grob würfeln.

- Öl erhitzen und Gemüse- und Apfelwürfel darin andünsten, Sirup zugeben und kurz karamellisieren lassen.

- Mit Gemüsebrühe ablöschen und ca. 20 Min. bei mittlerer Hitze köcheln lassen. Suppe mit einem Pürierstab fein mixen und mit den Gewürzen herzhaft abschmecken.

Gallensteinpatienten streichen die Zwiebel von der Zutatenliste. Gekocht ist der Apfel oft gut verträglich.

Nährwerte pro Portion
197 kcal • 5 g E • 9 g F • 23 g KH • 1,4 mg Fe • 0,3 mg Cu

Sommerliche Gemüsesuppe
Minestrone

Für 2 Personen • gelingt leicht
⏲ 40 Min. + 30 Min. Garzeit

½ mittelgroße Möhre (ca. 50 g) • 1 kleines Stück Fenchel (ca. 100 g) • 1 Stück Zucchini (ca. 100 g) • ½ EL Olivenöl • 600 ml Gemüsebrühe • 75 g frische Erbsen • 50 g grüne Bohnen • Salz • Pfeffer • 1 Zweig Thymian • 2 Basilikumblätter • 60 g Nudeln • 1 Fleischtomate • ½ Bund Petersilie

- Möhre, Fenchel und Zucchini in feine Scheiben schneiden und im Öl leicht anbraten. Mit der Gemüsebrühe aufgießen, alles zum Kochen bringen und dann 10 Min. leicht kochen. Erbsen und Bohnen zufügen.

- Die Suppe mit Salz und Pfeffer abschmecken. Thymian und Basilikum dazugeben und weitere 20 Min. leicht kochen, bis das Gemüse gar ist. Für die letzten 8 – 10 Min. die Nudeln zugeben. Thymian und Basilikum herausnehmen.

- Die Tomaten würfeln und die Petersilie grob hacken. Die Tomaten kurz mitkochen, nochmals abschmecken und mit der Petersilie bestreuen.

Nährwerte pro Portion
274 kcal • 15 g E • 7 g F • 37 g KH • 5,1 mg Fe • 0,7 mg Cu

Duftend und frisch

Asiatische Kokosmilchsuppe

Für 2 Personen • geht schnell
20 Min. + 20 Min. Garzeit

250 ml Kokosmilch • 160 ml Hühnerbrühe • 1 Stängel Zitronengras • 1 Stück Ingwerwurzel • 2 Pfefferkörner • 100 g Hühnerbrustfilet • 4 kleine Maiskölbchen • 4 kleine Champignons • 2 EL Limettensaft • 2 TL Fischsoße • 1 Frühlingszwiebel • Chilipulver • etwas frischer Koriander

- Kokosmilch und Hühnerbrühe aufkochen. Zitronengras in 3 cm lange Stücke schneiden und dazugeben. Ingwer und die zerstoßenen Pfefferkörner zufügen und 10 Min. köcheln lassen. Flüssigkeit durch ein Sieb in einen zweiten Topf abgießen und zurück auf den Herd stellen.

- Hühnerfleisch und Maiskölbchen in mundgerechte Stücke schneiden. Pilze mit einem feuchten Tuch abreiben und klein schneiden. Zusammen mit Fleisch und Mais 5 – 7 Min. in der Suppe kochen, bis das Fleisch gar ist.

- Limettensaft einrühren und Fischsoße zugeben. Frühlingszwiebel abspülen, putzen und in feine Ringe schneiden. Suppe mit Chili, Frühlingszwiebeln und frischem Koriander garnieren.

Leberzirrhosepatienten reduzieren das Hühnerfleisch auf 60 g und verwenden doppelt so viel Gemüse. Am Ende der Garzeit geben Sie noch 2 TL Sojaöl in die Suppe (164 kcal, 11 g E).

Gallensteinpatienten streichen Pilze, Chilipulver und Frühlingszwiebel und verwenden ein Stück Zucchini.

Nährwerte pro Portion
123 kcal • 14 g E • 3 g F • 9 g KH • 0,8 mg Fe • 0,5 mg Cu

Tolle Sommersuppe

Tomatensuppe

Für 2 Personen • gelingt leicht
10 Min. + ca. 15 Min. Garzeit

4 reife Tomaten • 1 EL Olivenöl • 1 EL Tomatenmark • 2 Gläser Tomatensaft (200 ml) • 2 Zweige Basilikum • Salz • Pfeffer • 2 EL saure Sahne, 10 % Fett

- Tomaten waschen, trocknen, Strunk herausschneiden und die Tomatenhälften in grobe Würfel schneiden.

- Öl in einem kleinen Topf erhitzen, Tomatenmark darin anschwitzen, Tomatenwürfel zugeben und kurz mitbraten. Mit Tomatensaft und 200 ml Wasser ablöschen.

- Die Suppe aufkochen lassen und ca. 10 Min. bei mittlerer Hitze köcheln lassen.

- Basilikum waschen, trocknen und Blättchen in feine Streifen schneiden.

- Nach Belieben 2 EL Tomatenwürfel zur Seite stellen und Suppe mit einem Pürierstab pürieren. Suppe mit Gewürzen und Basilikum würzen, Tomatenwürfel wieder in die Suppe geben und mit Basilikumstreifen und saurer Sahne garniert servieren.

Nährwerte pro Portion
133 kcal • 3 g E • 10 g F • 7 g KH • 1,4 mg Fe • 0,2 mg Cu

Flotte Vorsuppe

Rucolacremesuppe

Für 2 Personen • gut vorzubereiten
⏲ 20 Min. + 15 Min. Garzeit

1 kleine Zwiebel • 1 TL Olivenöl • 100 g Rucola • 2 EL fettarmer Frischkäse • 2 Tassen Gemüsebrühe • 1 TL Zitronensaft • Salz • Pfeffer, frisch gemahlen • 1 Scheibe gekochter Schinken

- Die Zwiebel abziehen und fein hacken. Das Olivenöl in einem kleinem Topf erhitzen und die Zwiebelwürfel darin glasig dünsten.

- Rucola putzen, abspülen und in Streifen schneiden. Eine kleine Portion beiseitestellen.

- Die Rucolastreifen zu den Zwiebeln geben und unter Rühren kurz andünsten. Den Frischkäse dazugeben und unter Rühren schmelzen. Mit der Gemüsebrühe aufgießen, aufkochen und kurz köcheln lassen.

- Die Suppe pürieren, mit Zitronensaft, Salz und Pfeffer abschmecken. Den Schinken in Streifen schneiden und in einer beschichteten Pfanne kurz knusprig braten. Mit dem Rucola auf der Suppe anrichten.

Gallensteinpatienten streichen die Zwiebel von der Zutatenliste. Die Verträglichkeit von Rucola bitte vorsichtig austesten. Spinat eignet sich als Alternative auch sehr gut.

Leberzirrhosepatienten verwenden 2 EL Öl und anstelle von Frischkäse 2 EL Schlagsahne (218 kcal, 8 g E).

Nährwerte pro Portion
190 kcal • 12 g E • 12 g F • 9 g KH • 2,2 mg Fe • 0,2 mg Cu

Prima für Gäste

Lauchquiche

Für 8 Stücke • braucht etwas mehr Zeit
⏲ 25 Min. + 1 Std. Ruhezeit + 1 Std. Backzeit

100 g Mehl • 100 g Dinkelvollkornmehl • Salz • 125 g Butter • 1 Ei • 1 kleine Stange Lauch • 1 Dose Mais • ½ TL Butter • 1 EL Semmelbrösel • 3 Eier • 150 g saure Sahne • Pfeffer, frisch gemahlen • 30 g mittelalter Gouda, gerieben

- Mehle in einer Schüssel vermischen. Salz dazugeben, Butter in Flöckchen, Ei und 2 EL Wasser dazugeben. Alle Zutaten rasch verkneten und zugedeckt 1 Std. im Kühlschrank ruhen lassen.

- Den Lauch der Länge nach aufschneiden und gründlich unter fließendem Wasser abspülen. Danach in schmale Ringe schneiden. Den Mais abtropfen lassen.

- Eine Springform (Ø 28 cm) mit Backpapier auslegen. Zwei Drittel des Teigs auf etwa 30 cm Durchmesser ausrollen und auf den Boden der Form legen. Aus dem restlichen Teig einen 4–5 cm hohen Rand bilden und gut andrücken.

- Den Backofen auf 200 Grad (Umluft 180 Grad) vorheizen. Die Semmelbrösel auf den Teigboden streuen und den Lauch und die Maiskörner darauf verteilen.

- Eier, saure Sahne, Pfeffer und Käse verrühren, mit Salz abschmecken und über das Gemüse verteilen. Die Quiche etwa 1 Std. auf der mittleren Schiene backen.

Gallensteinpatienten verwenden anstelle von Lauch und Mais Brokkoli und etwas gekochten Schinken.

Nährwerte pro Portion
238 kcal • 10 g E • 15 g F • 17 g KH • 1,2 mg Fe • 0,1 mg Cu

Lecker und gesund
Grünkernsalat

Für 2 Personen • braucht etwas mehr Zeit
⏲ 15 Min. + 25 Min. Garzeit + 2 Std. Marinierzeit

100 g Grünkern • ½ rote Paprika • ½ gelbe Paprika • 4 EL Mais aus der Dose • ½ Bund Schnittlauch • 2 TL Rapsöl • 2 EL Essig • Salz • Pfeffer, frisch gemahlen

- Grünkern in Gemüsebrühe ca. 25 Min. kochen, abgießen und abkühlen lassen. Paprikaschoten waschen und in kleine Würfel schneiden. Mais und Paprika dazugeben und gut vermengen.

- Schnittlauch abspülen und in feine Röllchen schneiden. Salat mit Öl, Essig, Salz und Pfeffer abschmecken. Salat mindestens 2 Std. ziehen lassen und mit Schnittlauch bestreuen.

Gallensteinpatienten tauschen die schwer verträglichen Gemüsesorten Paprika und Mais gegen Tomate, Zucchini und Karotten aus. Anstelle des Grünkerns verwenden Sie Vollkornreis.

Nährwerte pro Portion
281 kcal • 8 g E • 7 g F • 45 g KH • 2,8 mg Fe • 0,2 mg Cu

Ideal fürs Grillfest
Nudelsalat

Für 2 Personen • braucht etwas mehr Zeit
⏲ 20 Min. + 2 Std. Marinierzeit

120 g Farfalle • je 1 grüne und gelbe Paprikaschote • 1 mittelgroße Tomate • 1 kleine rote Zwiebel • 60 g Gouda, 45 % Fett i. Tr. • 4 EL Balsamicoessig • 2 EL Olivenöl • Salz • Pfeffer, frisch gemahlen • 2 Stängel Basilikum

- Die Nudeln al dente kochen und abgießen. Paprika und Tomate waschen und klein schneiden. Die Zwiebel abziehen und in feine Würfel schneiden. Den Käse in Streifen schneiden.

- Aus Essig, Öl, Salz und Pfeffer eine Salatsoße herstellen. Basilikum abspülen und hacken. Salat mit Soße und Basilikum vermengen. Etwa 2 Std. ziehen lassen.

Gallensteinpatienten tauschen die schwer verträglichen Gemüsesorten (Paprika und Zwiebel) gegen Staudensellerie und Karotten aus.

Nährwerte pro Portion
504 kcal • 17 g E • 25 g F • 51 g KH • 2,0 mg Fe • 0,3 mg Cu

Sättigender Salat
Reissalat

Für 2 Personen • geht schnell
⏲ 10 Min.

2 Scheiben gekochter Schinken • 4 EL Mandarinen (Dose) • 1 kleine Zwiebel • 120 g gekochter Reis • 2 TL Sojasoße • 2 TL fettreduzierte Mayonnaise (50 % Fett) • 2 EL fettarmer Joghurt • Pfeffer • 2 TL Zucker • 2 Stängel Petersilie, gehackt

- Den Schinken klein schneiden. Die Mandarinen abtropfen lassen (Saft auffangen, um evtl. die Salatsoße zu verdünnen). Die Zwiebel abziehen und fein hacken. Den Reis mit dem Schinken, den Mandarinen und den Zwiebeln vermischen.

- Sojasoße, Mayonnaise und Joghurt, Zucker und Pfeffer mischen. Die Petersilie über den Salat streuen.

Leberzirrhosepatienten halbieren die Schinkenmenge und verwenden 1 EL »normale« Mayonnaise (Fettgehalt 80 %) und 1 EL Vollmilchjoghurt (358 kcal, 7 g E).

Gallensteinpatienten streichen die Zwiebel von der Zutatenliste.

Nährwerte pro Portion
249 kcal • 11 g E • 9 g F • 29 g KH • 1,0 mg Fe • 0,1 mg Cu

Frische Beilage

Gurkensalat

Für 2 Personen • preisgünstig
⏲ 10 Min. + 10 Min. Marinierzeit

150 g Salatgurke • 1 Knoblauchzehe • 1 Prise Salz • 2 EL Naturjoghurt, 1,5 % Fett • 2 TL Sonnenblumenöl • 1 TL Essig • etwas Pfeffer • Zucker • 3 Zweige Dill

- Gurke waschen, putzen und in dünne Scheiben schneiden. Knoblauch abziehen und in feine Würfel schneiden. Mit Salz vermengen und mit einem kleinen Messerchen zerdrücken.

- Aus Joghurt, Öl und Essig ein Dressing herstellen und mit den Gewürzen abschmecken. Dill waschen, Dillspitzen abzupfen und fein wiegen und untermischen. Gurken mit dem Dressing vermischen und ca. 10 Min. ziehen lassen.

Tipp Um das Gericht kalorisch anzureichern, verwenden Sie anstelle des Naturjoghurts Schlagsahne. Dadurch erhöht sich der Energieanteil um ca. 50 kcal.

Nährwerte pro Portion
66 kcal • 1 g E • 6 g F • 3 g KH
0,5 mg Fe • 0,1 mg Cu

Spargel einmal anders

Grüner Spargel mit Schinken

Für 2 Personen • gelingt leicht
10 Min. + 10 Min. Garzeit

4 dünne Scheiben geräucherter Schinken (z. B. Serranoschinken) • 16 Stangen grüner Spargel • 3 TL Olivenöl • 1 TL körniger Senf • 1 TL weißer Balsamicoessig • Salz • Pfeffer, frisch gemahlen • Zucker

- Schinken unter dem vorgeheizten Grill 4–5 Min. grillen, einmal wenden und in Stücke brechen. Spargel im unteren Drittel schälen, mit 1 TL Öl bestreichen und in einer beschichteten Pfanne 3–4 Min. anbraten.

- Olivenöl, Senf und Essig verrühren, abschmecken und über die Spargelstangen träufeln. Mit dem gerösteten Schinken garnieren.

Leberzirrhosepatienten reduzieren die Schinkenmenge auf 2 Scheiben. Die Ölmenge erhöhen Sie auf 1 EL zum Bestreichen der Spargelstangen. Und für das Dressing verwenden Sie 1 EL Olivenöl (247 kcal, 6 g E).

Nährwerte pro Portion
170 kcal • 10 g E • 12 g F • 6 g KH • 1,1 mg Fe • 0,3 mg Cu

Zum Sattessen

Herbstsalat

Für 2 Personen • gelingt leicht
30 Min.

1 große Fenchelknolle • 1 mittelgroße Karotte • 6 kleine Champignons • 1 TL Sonnenblumenkerne • 2 EL fettarmer Joghurt • 1 TL Zitronensaft • 2 TL Sonnenblumenöl • Salz • Pfeffer, frisch gemahlen • 2 EL Kresse

- Fenchel waschen und fein schneiden. Karotte schälen und in dünne Scheiben schneiden. Die Pilze putzen und feinblättrig schneiden. Die Sonnenblumenkerne in einer beschichteten Pfanne ohne Fett anrösten.

- Joghurt, Zitronensaft und Öl verrühren. Abschmecken. Dressing mit den Salatzutaten mischen und mit den Sonnenblumenkernen und der Kresse bestreuen.

Leberzirrhosepatienten streichen Champignons, Sonnenblumenkerne und Joghurt. Stattdessen verwenden Sie 2 EL Ananas aus der Dose und die Salatsoße bereiten Sie aus 2 EL Sahne und 2 EL Öl zu (253 kcal, 5 g E).

Nährwerte pro Portion
122 kcal • 6 g E • 8 g F • 7 g KH • 5,0 mg Fe • 0,3 mg Cu

Brokkoli einmal anders

Brokkoli in Vinaigrette

Für 2 Personen • gut vorzubereiten
15 Min. + 30 Min. Marinierzeit

300 g Brokkoliröschen • 1 TL Senf • Salz • Pfeffer, frisch gemahlen • 2 TL Essig • 2 TL Rapsöl • 1 Zweig Petersilie • 1 Scheibe gekochter Schinken

- Brokkoliröschen abspülen und putzen. Das Gemüse in reichlich kochendem Salzwasser in etwa 2 Min. bissfest garen. Senf, Salz, Pfeffer, Essig und Öl verrühren und den noch warmen Brokkoli hineingeben. Umrühren und etwa 30 Min. ziehen lassen.

- Die Petersilie abspülen, zupfen und fein hacken. Den Schinken in feine Streifen schneiden. Beide Zutaten über den gut durchgezogenen Brokkoli geben und gleich servieren.

Leberzirrhosepatienten erhöhen den Ölanteil auf 1 EL und streichen den Schinken von der Zutatenliste (171 kcal, 5 g E).

Nährwerte pro Portion
115 kcal • 9 g E • 7 g F • 3 g KH • 2,1 mg Fe • 0,2 mg Cu

» Grüner Spargel mit Schinken

Hummus

Fettarm und leicht
Fitnessdressing

Für 2 Personen • geht schnell
10 Min.

1 Becher Naturjoghurt • 1 EL Zitronensaft • ½ kleines Bund gemischte Kräuter (Petersilie, Dill, Kerbel o. ä.) • Salz • Pfeffer, frisch gemahlen • 1 TL mittelscharfer Senf

- Joghurt und Zitronensaft mit einem kleinen Schneebesen glatt rühren.
- Kräuter waschen, trocknen, Blättchen von den Stängeln zupfen und fein hacken.
- Kräuter, Gewürze und Senf unter den Joghurt rühren.

Das passt dazu Dieses Dressing passt zu vielerlei Blattsalaten, wie Kopf-, Feld-, Endivien- oder Eisbergsalat.

Nährwerte pro Portion
42 kcal • 3 g E • 1 g F • 4 g KH • 0,4 mg Fe • 0,1 mg Cu

Der Klassiker
Vinaigrette

Für 2 Personen • geht schnell
5 Min.

1 TL Senf • Salz • Pfeffer, frisch gemahlen • 2 TL Apfelessig • 2 TL Rapsöl • 1 Zweig Petersilie

- Senf, Gewürze und Essig in ein Shakerglas oder ein sauberes Marmeladenglas mit Schraubverschluss geben, kräftig schütteln. Öl zugießen und nochmals kräftig durchschütteln.
- Petersilie waschen, trocknen, Blättchen abzupfen und fein hacken. Blättchen zum Dressing geben und nochmals kräftig schütteln. Evtl. noch etwas Wasser zufügen.

Nährwerte pro Portion
49 kcal • 0 g E • 5 g F • 0 g KH • 0,3 mg Fe • 0 mg Cu

Alternative zu Wurst oder Käse

Hummus

Für 2 Personen • gelingt leicht
10 Min. + ca. 1 ½ Std. Garzeit + mind. 12 Std. Einweichzeit

50 g Kichererbsen, getrocknet • Instant-Gemüsebrühe • ¼ TL Natron • 2 EL Zitronensaft • 2 TL Olivenöl • Salz • Pfeffer • 1 Zweig Petersilie

- Kichererbsen mindestens 12 Std. in reichlich Wasser einweichen. Samt Einweichwasser, etwas Gemüsebrühe und dem Natron in einen Topf geben und bei schwacher Hitze 1½ Std. kochen lassen.

- Kichererbsen abtropfen lassen, Zitronensaft und Öl zugeben und mit dem Pürierstab zu einer cremigen Masse verarbeiten. Falls nötig, noch etwas Wasser zufügen. Humus mit Salz und Pfeffer würzen. Petersilie fein hacken und untermengen.

Gallensteinpatienten sollten vorsichtig austesten, ob sie die Creme vertragen.

Variante Mit Kichererbsen aus der Dose klappt's genauso gut.

Nährwerte pro Portion
134 kcal • 5 g E • 7 g F • 13 g KH • 1,8 mg Fe • 0,3 mg Cu

Superleckeres Salatdressing

Honig-Senf-Dressing

Für 2 Personen • geht schnell
5 Min.

1 EL Akazienhonig • 1 EL Walnussöl • 1 EL weißer Balsamicoessig • 1 TL Dijonsenf • Salz • Pfeffer, frisch gemahlen

- Honig, Öl und Essig miteinander verrühren. Senf und Gewürze zugeben und gründlich unterrühren – fertig ist das Honig-Senf-Dressing.

Tipp Genießen Sie dieses leckere Dressing zu einem knackigem Feldsalat oder Chinakohlsalat. Besonders lecker schmeckt der Salat, wenn Sie noch 1 Handvoll Walnüsse unter den Salat mengen. Diese können Sie zur besseren Aromaentfaltung in einer beschichteten Pfanne ohne Fettzugabe anrösten. (Fettleberpatienten sollten die Nüsse besser weglassen.)

Nährwerte pro Portion
105 kcal • 0 g E • 8 g F • 8 g KH • 0,2 mg Fe • 0 mg Cu

Köstlicher Koblauchdip

Aioli

Für 2 Personen • gut vorzubereiten
5 Min.

30 g Mayonnaise, 50 % Fett • 80 g Joghurt, 1,5 % Fett • 2 TL Tomatenmark • 1 Knoblauchzehe • 1 TL Zitronensaft • Pfeffer, Salz

- Mayonnaise, Joghurt und Tomatenmark miteinander verrühren. Knoblauchzehe schälen und in sehr feine Würfel schneiden.

- Die vorbereitete Masse mit Knoblauchwürfelchen, Zitronensaft, Salz und Pfeffer würzen.

Nährwerte pro Portion
97 kcal • 2 g E • 8 g F • 3 g KH • 0,2 mg Fe • 0 mg Cu

Schön frisch

Rucolabruschetta

Für 2 Personen • gut vorzubereiten
⏲ 20 Min.

1 große Tomate • 1 kleine Knoblauchzehe • etwas frisches Basilikum • 2 Handvoll Rucolablätter • 2 TL Olivenöl • Salz • Pfeffer • 9–10 Scheiben Ciabatta

- Die Tomate klein schneiden. Die Knoblauchzehe abziehen und hacken. Die Basilikumblätter in Streifen schneiden. Rucola waschen und zupfen. Rucola mit Tomaten und Knoblauch mischen, das Öl hinzufügen und mit Salz und Pfeffer abschmecken.

- Die Brotscheiben toasten, die Tomatenmasse darauf verteilen und mit Basilikum servieren.

Gallensteinpatienten streichen die Knoblauchzehe. Testen Sie vorsichtig aus, ob Sie Rucola vertragen.

Leberzirrhosepatienten beträufeln die Brotscheiben nach dem Toasten mit 1 TL Olivenöl (248 kcal, 6 g E).

Nährwerte pro Portion
204 kcal • 6 g E • 6 g F • 31 g KH • 1,5 mg Fe • 0,2 mg Cu

Mit Ziegenkäse

Champignonbruschetta

Für 2 Personen • gut vorzubereiten
⏲ 20 Min.

200 g Champignons • 1 kleine Knoblauchzehe • 2 TL Olivenöl • 1 kleines Stück Ziegenkäse, 45 % Fett i. Tr. • 1 TL Zitronensaft • 4 Stängel Petersilie • Thymianblättchen • Salz • Pfeffer • 9–10 Scheiben Ciabatta

- Die Pilze putzen und vierteln. Knoblauch abziehen und fein hacken. Pilze und Knoblauch im Öl 5 Min. andünsten. Den Ziegenkäse würfeln und mit dem Zitronensaft und den Pilzen in eine Schüssel geben.

- Die Kräuter fein hacken und zugeben. Salzen und pfeffern. Die Ciabattascheiben toasten und mit der Pilzmasse bestreichen.

Gallensteinpatienten streichen die Knoblauchzehe und ersetzen die Champignons durch Zucchini.

Leberzirrhosepatienten beträufeln die Brotscheiben nach dem Toasten mit 1 TL Olivenöl (297 kcal, 11 g E).

Nährwerte pro Portion
253 kcal • 11 g E • 10 g F • 30 g KH • 2,3 mg Fe • 0,6 mg Cu

Eiweißarm

Tomatenbutter

Für 2 Personen • gelingt leicht
⏲ 5 Min.

2 gehäufte EL weiche Butter • 1 TL Tomatenmark • Salz • Pfeffer, frisch gemahlen • 1 kleine Knoblauchzehe • 1 TL gehackte Basilikumblätter

- Butter und Tomatenmark glatt rühren und mit Salz und Pfeffer würzen.

- Knoblauchzehe schälen und fein würfeln, zusammen mit dem Basilikum unter die Butter mengen und evtl. noch mal abschmecken.

Variante Variieren können Sie die Tomatenbutter mit folgenden Zutaten: 1 TL gehackten Zwiebelwürfeln oder 1 EL Gemüsewürfeln (z. B. Radieschen, Paprika, Gurke oder Karotte) und Gewürzen wie z. B. Curry, Paprika oder auch Cayennepfeffer.

Nährwerte pro Portion
152 kcal • 0 g E • 17 g F • 1 g KH

» Rucolabruschetta

Mit aromatischem Salbei

Omelett mit Tomate

Für 2 Personen • preisgünstig

20 Min. + ca. 35 Min. Garzeit

2 eigroße gekochte Kartoffeln (ca. 160 g) • 10 Cocktailtomaten • 3 Hühnereier • ½ kleines Glas Milch, 1,5 % Fett • Salz • Pfeffer • 1 Stück Ziegenkäse, 45 % Fett i. Tr. (ca. 30 g) • 2 Zweige Salbei • 1 EL Olivenöl

- Kartoffeln schälen und in schmale Scheiben schneiden. Tomaten waschen und halbieren. Eier und Milch verquirlen und mit Salz und Pfeffer abschmecken. Käse fein reiben und unter die Eiermilch rühren. Salbei waschen und zupfen.

- Öl in einer kleinen Pfanne erhitzen, die Hälfte der Tomaten in die Pfanne geben, mit Salz und Pfeffer würzen, Kartoffelscheiben darüberschichten, nochmals würzen und restliche Tomaten darübergeben. Eiermilch darübergießen und Salbeiblätter darauf verteilen.

- Die Hitze zurückschalten und mit geschlossenem Deckel ca. 15 Min. stocken lassen.

- Das Omelett vorsichtig mit einem Pfannenwender lösen, auf einen großen Teller gleiten lassen, auf einen zweiten Teller stürzen und auf der nicht gebackenen Seite liegend in die Pfanne zurückgeben. Weitere 5 – 10 Min. stocken lassen.

Leberzirrhosepatienten verwenden nur 2 Eier und statt Milch Schlagsahne. Bei der Käsesorte sollten Sie einen fetteren Käse (60 % Fett i. Tr.) nehmen.

Nährwerte pro Portion
346 kcal • 19 g E • 23 g F • 15 g KH • 2,7 mg Fe • 0,3 mg Cu

Prima Vorspeise für Gäste

Paprikataler

Für 2 Personen • gut vorzubereiten

25 Min. + 2 Std. Kühlzeit

6 EL Magerquark • 1 mittlere rote Paprikaschote • 1 kleine Zwiebel • 1 mittleres Bund gemischte Kräuter (z. B. Estragon, Dill, Kerbel oder Kresse) • Zitronensaft • Worcestersoße • Salz • Pfeffer, frisch gemahlen

- Quark in ein Tuch geben und abtropfen lassen. Paprikaschote abspülen, am Stielansatz eine Haube abschneiden und die Schoten vom Kerngehäuse befreien.

- Quark cremig rühren. Zwiebel abziehen und in Würfel schneiden. Kräuter abspülen, trocken schütteln, fein hacken und mit den Zwiebelwürfeln unter den Quark mischen.

- Mit etwas Zitronensaft, ein wenig Worcestersoße und Salz und Pfeffer abschmecken. Die Quarkmasse in die Paprikaschote füllen und für etwa 2 Std. in den Kühlschrank stellen. Vor dem Servieren die Paprikaschote in Scheiben schneiden.

Das passt dazu herzhaftes Vollkornbrot.

Leberzirrhosepatienten verwenden als Füllung der Paprikaschote 1 gehäuften EL Sahnequark und 2 leicht gehäufte EL Crème fraîche (285 kcal, 6 g E).

Gallensteinpatienten sollten die Verträglichkeit vorsichtig austesten. Sie können die Zwiebel streichen und stattdessen 2 – 3 Cocktailtomaten verwenden. Bei Unverträglichkeit eignet sich eine Fleischtomate anstelle der Paprika.

Nährwerte pro Portion
86 kcal • 9 g E • 1 g F • 9 g KH • 1,1 mg Fe • 0,1 mg Cu

» Omelette mit Tomate

Statt Knabbergebäck

Kräutertaler

Für 10 Stück • geht schnell
⏲ 15 Min. + ca. 20 Min. Backzeit

1 Bund gemischte Kräuter • 250 g Weizen- oder Dinkelmehl • 1 TL Backpulver • 1 TL Salz • 1 Msp. Pfeffer • 1 EL Rapsöl • 5 EL saure Sahne

- Die Kräuter abspülen, trocken schütteln, zupfen und fein hacken. Den Backofen auf 200 Grad (Umluft 180 Grad) vorheizen.

- Die Kräuter mit den restlichen Zutaten in eine Schüssel geben und zu einem glatten Teig verkneten. Sollte der Teig zu bröselig sein, etwas Wasser hinzufügen.

- Aus dem Teig zehn gleich große Taler formen und auf ein mit Backpapier ausgelegtes Backblech setzen. Im Backofen auf der mittleren Schiene ca. 15 bis 20 Min. backen.

Gallensteinpatienten sollten darauf achten, dass kein Schnittlauch bzw. keine Frühlingszwiebeln im Kräuterallerlei enthalten sind.

Nährwerte pro Taler
130 kcal • 3 g E • 5 g F • 18 g KH • 0,9 mg Fe • 0,2 mg Cu

Antipasti auf Toast

Gemüsetoast

Für 2 Personen • geht schnell
⏲ 25 Min. + 20 Min. Garzeit

100 g Zucchini • 100 g Aubergine • ½ rote Paprikaschote • 1 TL Olivenöl • 4 Scheiben Vollkorntoast • ½ TL Tapenade • 2 EL Ricotta • Salz • Pfeffer, frisch gemahlen • 4 dünne Scheiben Cheddar, 50 % Fett i. Tr.

- Zucchini und Aubergine in Scheiben, Paprika in Streifen schneiden. Ein Backblech mit Olivenöl einfetten, das Gemüse darauf verteilen und unter dem Grill 5 – 10 Min. garen. Toast toasten, mit Tapenade bestreichen und mit Ricotta bestreichen.

- Das Gemüse auf dem Toast verteilen und mit etwas Salz und Pfeffer würzen. Jeweils eine Scheibe Käse darauflegen und unter dem Grill überbacken, bis der Käse schmilzt.

Gallensteinpatienten verwenden statt Paprika mehr Zucchini und Aubergine. Testen Sie vorsichtig aus, ob Sie die Olivenpaste vertragen.

Nährwerte pro Portion
431 kcal • 19 g E • 25 g F • 32 g KH • 2,7 mg Fe • 0,5 mg Cu

Als Snack oder Beilage

Maisfladen

Für 10 Stück • gut vorzubereiten
⏲ 10 Min. + ca. 15 Min. Backzeit

200 g Maismehl • 1 gestrichener TL Backpulver • 1 gestrichener TL Salz • 120 ml fettarme Milch • 110 g fettarmer Joghurt, 1,5 % Fett • 1 EL Maiskeimöl • 1 Ei • 3 EL Honig

- Das Maismehl, das Backpulver und das Salz in eine Schüssel geben, gut vermischen und die restlichen Zutaten hinzufügen. Mit den Knethaken des Handrührgeräts gut verrühren.

- Den Teig portionsweise in eine beschichtete Pfanne geben, platt drücken und von beiden Seiten knusprig anbraten.

Tipp Die Fladen eignen sich als Zwischenmahlzeit, als Beilage zu einer Suppe oder mit einer Kräuter-Joghurt-Soße auch als leckeres Abendessen.

Nährwerte pro Portion
175 kcal • 5 g E • 1 g F • 35 g KH • 0,3 mg Fe • 0 mg Cu

» Maisfladen

Hauptgerichte

Auf, in den Wald

Waldpilzrisotto

Für 2 Personen • gelingt leicht
⏲ 15 Min. + 20 Min. Garzeit

1 kleine Zwiebel • 1 EL Olivenöl • 200 ml Pilzfond (Glas) • 100 g Risottoreis (z. B. Arborio) • 300 g gemischte Pilze (z. B. Steinpilze, Pfifferlinge, Champignons) • 2 EL geriebener Parmesan • einige Rucolablätter

- Zwiebel schälen und in feine Würfel schneiden. Öl erhitzen und die Zwiebelwürfel darin andünsten. Reis zugeben und kurz mitgaren. Pilzfond nach und nach zugießen und unter häufigem Rühren Reis in ca. 15 – 20 Min. ausquellen lassen.

- Pilze verlesen, putzen, vorsichtig mit einem Küchenkrepp reinigen und in mundgerechte Stücke schneiden. 5 Min. vor Ende der Garzeit unter den Reis rühren (Garprobe: Der Reis muss am Holzlöffel kleben bleiben).

- Geriebenen Käse unter den Risotto mengen. Rucolablätter waschen, trocknen und in mundgerechte Stücke zerpflücken. Locker über den Risotto verteilen.

Gallensteinpatienten streichen bei Unverträglichkeit die Zwiebel aus der Zutatenliste. Bei Unverträglichkeit gegen Pilze können Sie den Risotto beispielsweise mit Kürbis, Karotten oder Zucchini zubereiten.

Nährwerte pro Portion
316 kcal • 10 g E • 11 g F • 43 g KH • 3,3 mg Fe • 0,8 mg Cu

Alles selbstgemacht

Gnocchi mit Salbeibutter

Für 2 Personen • gelingt leicht
⏲ 20 Min. + 25 Min. Garzeit

400 g Kartoffeln, mehligkochend • Salz • 4 gehäufte EL Weizenmehl Type 550 • 2 gehäufte EL Weizengrieß • 1 EL Butter • 1 Eigelb • 4 Zweige Salbei • 1 EL Butter

- Kartoffeln gründlich waschen, in etwas Salzwasser ca. 20 Min. garen, abgießen, etwas abkühlen lassen, schälen und durch eine Kartoffelpresse drücken.

- Mehl, Grieß, Butter und Eigelb zu den Kartoffeln geben und mit den Händen zu einem glatten Teig verkneten. Teig auf einer bemehlten Arbeitsfläche zu fingerdicken Rollen formen, in ca. 3 cm lange Stücke schneiden und in jedes Stück mit einer Gabel Rillen eindrücken.

- Salbei waschen, trocknen und Blättchen abzupfen.

- Reichlich Salzwasser zum Kochen bringen, Gnocchi zugeben, einmal aufkochen lassen und bei reduzierter Hitze 3 – 4 Min. gar ziehen lassen. Abgießen.

- Butter in einer beschichteten Pfanne schmelzen, abtropfte Gnocchi und Salbeiblätter in die Pfanne geben, kurz anbraten und sofort servieren.

Nährwerte pro Portion
545 kcal • 13 g E • 16 g F • 85 g KH • 2,4 mg Fe • 0,3 mg Cu

Mit Kräutern und Ziegenkäse

Nudel-Zucchini-Auflauf

Für 2 Personen • preisgünstig
15 Min. + 40 Min. Garzeit

120 g Vollkornnudeln • 1 mittelgroße Zucchini • 2 TL Rapsöl • 60 g Ziegenkäse, 45 % Fett i. Tr. • 2 EL Basilikum, Oregano, Thymian (gehackt) • 120 ml fettarme Milch • 120 ml Kondensmilch, 7,5 % Fett • 2 kleine Eier • Salz • Pfeffer, frisch gemahlen

- Nudeln nach Packungsanleitung in Salzwasser al dente kochen. Danach kalt abschrecken. Zucchini abspülen, putzen und der Länge nach in dünne Scheiben schneiden (am besten verwenden Sie dafür einen Gemüsehobel).

- Das Öl in einer beschichteten Pfanne erhitzen und die Zucchinischeiben kurz anbraten. Salzen und pfeffern. Den Backofen auf 200 Grad (Umluft 180 Grad) vorheizen.

- Nudeln und Zucchinischeiben in einer Auflaufform schichten. Ziegenkäse klein schneiden. Kräuter fein hacken.

- Milch mit Kondensmilch, Eiern und dem gewürfeltem Käse verrühren und mit Salz, Pfeffer und den gehackten Kräutern abschmecken. Über den Auflauf gießen. Im Backofen ca. 30 Min. backen.

Leberzirrhosepatienten verwenden anstelle der Milch und der Kondensmilch eine Mischung aus 120 ml Schlagsahne und 120 ml Wasser (563 kcal, 21 g E).

Nährwerte pro Portion
499 kcal • 26 g E • 23 g F • 48 g KH • 5,0 mg Fe • 0,5 mg Cu

Köstliche Pasta

Penne mit Thunfischsugo

Für 2 Personen • gelingt leicht
15 Min. + 30 Min. Garzeit

200 g Penne • 200 g Karotten • 150 g Staudensellerie • 1 kleine rote Zwiebel • 1 kleine Knoblauchzehe • 1 EL Olivenöl • ¼ l Tomatensaft • Salz • Pfeffer, frisch gemahlen • 1 Dose Thunfisch (im eigenen Saft) • 2 EL schwarze Oliven • 4 Basilikumblätter • 1 EL geriebener Parmesan

- Nudeln in reichlich Salzwasser al dente garen. Karotten und Staudensellerie putzen und waschen. Gemüse längs in Streifen schneiden und danach sehr fein würfeln. Zwiebel und Knoblauchzehe schälen und in feine Würfel schneiden.

- Öl in einem mittelgroßen Topf erhitzen, Zwiebel- und Knoblauchwürfel darin anbraten, Karotten und Sellerie zugeben und bei mittlerer Hitze ca. 15 Min. anrösten. Mit Tomatensaft ablöschen, salzen, pfeffern und nochmals 5 Min. köcheln lassen.

- Thunfisch zerpflücken und zusammen mit den Oliven in die Soße geben. Unter Rühren kurz erwärmen. Abgetropfte Nudeln in zwei Pastateller geben, Soße darübergeben und mit Parmesan und Basilikumblättern garniert servieren.

Leberzirrhosepatienten verwenden Thunfisch in Öl.

Gallensteinpatienten streichen bei Unverträglichkeit die Zwiebel und den Knoblauch von der Zutatenliste.

Nährwerte pro Portion
534 kcal • 17 g E • 14 g F • 82 g KH • 4,9 mg Fe • 0,6 mg Cu

» Penne mit Thunfischsugo

Vegetarische Version
Gemüselasagne

Für 2 Personen • braucht etwas mehr Zeit
20 Min. + 40 Min. Garzeit

1 große Karotte • je 1 gelbe und rote Paprika • 1 mittleres Stück Zucchini • 1 mittlere Tomate • 2 EL Mais (Dose) • 1 kleine Zwiebel • 1 kleine Knoblauchzehe • 2 TL Olivenöl • 6 EL passierte Tomaten (Dose) • Salz • Pfeffer • Thymian • Rosmarin • Basilikum • Oregano • 12 Lasagneblätter (eifrei) • 2 Scheiben Käse, 30 % Fett i. Tr.

- Gemüse abspülen, putzen und in mundgerechte Stücke schneiden. Mais abtropfen lassen. Zwiebel und Knoblauchzehe abziehen und fein hacken.

- Öl in einem Topf erhitzen, Zwiebeln und die Knoblauch goldgelb andünsten, danach die Karottenstücke dazugeben und kurz mitdünsten. Paprika, Zucchini und Tomaten dazugeben und ebenfalls kurz andünsten. Die passierten Tomaten und den abgetropften Mais untermengen und mit Salz, Pfeffer und Kräutern abschmecken. Backofen auf 200 Grad (Umluft 180 Grad) vorheizen.

- Gemüsemasse und Lasagneblätter in eine Form einschichten. Käse in Streifen darüber verteilen. Etwa 20–30 Min. goldgelb überbacken.

Leberzirrhosepatienten erhöhen den Ölanteil auf 2 EL und verwenden 2 Scheiben Butterkäse (340 kcal, 12 g E).

Gallensteinpatienten verwenden statt Paprika, Mais, Zwiebeln und Knoblauch je 1 kleines Stück Aubergine und Staudensellerie.

Nährwerte pro Portion
269 kcal • 17 g E • 13 g F • 18 g KH • 4,2 mg Fe • 0,4 mg Cu

Mit Orangenaroma
Chicoréegratin

Für 2 Personen • gelingt leicht
20 Min. + 30 Min. Garzeit

4 Chicoréestauden • 2 kleine Orangen • 2 TL Butter • 2 TL Vollkornmehl • Salz • Pfeffer, frisch gemahlen • Ingwer, gemahlen • 6 dünne Scheiben Lachsschinken

- Chicorée putzen, halbieren und den Strunk herausschneiden. In 1 l kochendem Wasser 1 Min. blanchieren und abtropfen lassen. Kochwasser beiseitestellen.

- Eine Orange halbieren und auspressen. Die andere Frucht schälen und die Filets mit einem scharfen Messer herauslösen. Backofen auf 150 Grad (Umluft 135 Grad) vorheizen. Butter in einem Topf schmelzen, das Mehl hineingeben, mit einem Schneebesen kräftig rühren und mit dem Orangensaft und etwas Chicoréebrühe ablöschen. Soße etwa 4 Min. kochen lassen und mit Salz, Pfeffer und Ingwer abschmecken.

- Schinkenscheiben aufrollen und in eine feuerfeste Auflaufform legen. Chicoréehälften darübergeben und Orangenfilets darauf verteilen. Zuletzt die Soße darübergießen. Gratin im Backofen etwa 30 Min. überbacken.

Leberzirrhosepatienten erhöhen den Butteranteil auf 1 EL und verfeinern die Soße mit 1 EL Sahne. Die Schinkenmenge reduzieren Sie auf 2 Scheiben. Vor dem Überbacken 1 TL Butter in Flöckchen über das Gratin geben (246 kcal, 7 g E).

Nährwerte pro Portion
208 kcal • 12 g E • 8 g F • 19 g KH • 2,6 mg Fe • 0,4 mg Cu

» Gemüselasagne

In feiner Vollkornversion

Allgäuer Käsespätzle

Für 2 Personen • braucht etwas mehr Zeit
⏲ 1 Std.

160 g Weizenvollkornmehl • 2 kleine Eier (Gewichtsklasse S) • Salz • 1 kleine Zwiebel • 1 TL Sonnenblumenöl (5 ml) • Pfeffer • Muskatnuss • 1 Stück Schnittkäse, 30 % Fett i. Tr. (ca. 100 g)

- Mehl mit 200 ml Wasser, Eiern und Salz zu einem zähflüssigen Teig verrühren und ca. 15 Min. quellen lassen.

- Einen großen Topf mit Wasser zum Kochen bringen und den Spätzleteig portionsweise mit einem Spätzlehobel in das kochende Wasser befördern. Spätzle im offenem Topf rasch einige Male aufkochen lassen, bis sie an der Oberfläche schwimmen. Dann mit einem Schaumlöffel herausnehmen und kurz unter kaltem Wasser abbrausen und in einem Sieb abtropfen lassen.

- Den Backofen auf 200 Grad vorheizen. Die Zwiebel abziehen, in Ringe schneiden und im Öl goldgelb andünsten. Mit Pfeffer und Muskatnuss würzen.

- Den Käse auf einer Küchenreibe grob reiben. Die Spätzle und ⅓ des Käses schichtweise in eine feuerfeste Auflaufform geben. Mit Pfeffer und Muskatnuss abschmecken, den übrigen Käse und die Zwiebelringe darüber verteilen. Die Käsespätzle auf der mittleren Schiene des Backofens etwa 15 Min. überbacken.

Gallensteinpatienten genießen die Käsespätzle ohne Zwiebeln bzw. testen deren Verträglichkeit vorsichtig aus.

Nährwerte pro Portion
471 kcal • 28 g E • 17 g F • 49 g KH • 3,9 mg Fe • 0,6 mg Cu

Popeye lässt grüßen

Spinat-Hackfleisch-Auflauf

Für 2 Personen • braucht etwas mehr Zeit
⏲ 15 Min. + 20 Min. Garzeit

300 g Blattspinat (tiefgekühlt) • 1 kleine Zwiebel • ½ kleine Knoblauchzehe • 2 TL Rapsöl • 160 g mageres Hackfleisch • Salz • Pfeffer, frisch gemahlen • Thymian • Majoran • Paprikapulver, edelsüß • Muskatnuss, frisch gerieben • 1 große Tomate • 60 g Mozzarella

- Den Spinat auftauen lassen. Die Zwiebel und die Knoblauchzehe abziehen und fein würfeln. Das Öl in einem kleinem Topf erhitzen, Zwiebeln und Knoblauch darin andünsten.

- Das Hackfleisch dazugeben und mitbraten. Mit Salz, Pfeffer, Thymian, Majoran und Paprika abschmecken.

- Den Backofen auf 200 Grad vorheizen (Umluft 180 Grad). Die Fleischmasse in eine feuerfeste Auflaufform füllen, den Blattspinat auf der Masse verteilen und mit Muskat würzen.

- Die Tomate abspülen, den Stielansatz herausschneiden und die Tomate in Scheiben schneiden. Auf dem Spinat verteilen.

- Mozzarella in Scheiben schneiden und auf die Tomaten legen. Den Auflauf auf der mittleren Schiene etwa 20 Min. garen. Am Ende der Garzeit den Backofen ausschalten und weitere 10 Min. im Ofen stehen lassen.

Nährwerte pro Portion
343 kcal • 32 g E • 21 g F • 5 g KH • 7,5 mg Fe • 0,3 mg Cu

» Allgäuer Käsespätzle

Ein ganz besonderes Abendessen

Ratatouillequiche

Für 12 Stücke • braucht etwas mehr Zeit
30 Min. + 1 Std. Ruhezeit + 40 Min. Garzeit

125 g Weizenmehl Type 405 • 125 g Dinkelvollkornmehl • 175 g Halbfettbutter • Salz • 3 TL Kräuter der Provence • 1 Ei • je 1 rote, grüne und gelbe Paprikaschote • 1 kleine Aubergine • 1 kleine Zucchini • 2 EL Olivenöl • Pfeffer, frisch gemahlen • 3 Eier • 125 ml fettarme Milch • gut 100 g saure Sahne • 1 kleine Knoblauchzehe • 30 g Parmesan, gerieben

- Die beiden Mehlsorten in einer Schüssel vermischen. Die Butter in Flöckchen, ½ TL Salz, 2 TL der Kräuter und 1 Ei dazugeben und mit den Knethaken des Handrührgeräts zu einem glatten Teig verarbeiten. Den Teig in Frischhaltefolie gewickelt mindestens 1 Std. im Kühlschrank ruhen lassen.

- Gemüse abspülen, putzen, klein schneiden und im Öl in einer beschichteten Pfanne 3–4 Min. anbraten. Mit Kräutern, Salz und Pfeffer abschmecken und abkühlen lassen. Eier, Milch, saure Sahne und Parmesan verquirlen und mit Pfeffer abschmecken. Knoblauch abziehen, zerdrücken und zugeben. Backofen auf 200 Grad (Umluft 180 Grad) vorheizen. Quicheform (Ø 32 cm) einfetten.

- Teig zwischen 2 Klarsichtfolien auf 36 cm Durchmesser ausrollen und in die Form legen. Rand gleichmäßig andrücken und Boden mehrfach mit einer Gabel einstechen. Gemüse auf dem Boden verteilen, mit Eiermilch übergießen und 30–40 Min. goldbraun backen.

Gallensteinpatienten streichen Paprika und Knoblauch und verwenden Karotten, Tomaten oder gelbe Zucchini.

Nährwerte pro Portion
279 kcal • 8 g E • 20 g F • 17 g KH • 1,4 mg Fe • 0,2 mg Cu

Mit südfranzösischem Flair

Provenzalische Auberginen

Für 2 Personen • braucht etwas mehr Zeit
20 Min. + 1 Std. Garzeit

100 g Naturreis • 2 mittelgroße Auberginen • 2 Tomaten • 4 kleine getrocknete Tomaten • Salz • Pfeffer, frisch gemahlen • Basilikum • Oregano • Majoran • Thymian • 60 g Schafskäse, 45 % Fett i. Tr. • 200 ml Gemüsebrühe

- Reis in Salzwasser etwa 30–45 Min. kochen. Die Auberginen abspülen, putzen und halbieren. Mit einem Löffel das Fruchtfleisch herauskratzen und dieses klein würfeln. Tomaten abspülen, den Stielansatz herausschneiden und in kleine Stücke schneiden.

- Getrocknete Tomaten fein würfeln. Nach der Hälfte der Garzeit Tomatenstücke, getrocknete Tomatenwürfel und Auberginenwürfel zum Reis geben. Mit Gewürzen und Kräutern abschmecken. Backofen auf 180 Grad (Umluft 160 Grad) vorheizen.

- Schafskäse in kleine Würfel schneiden. Auberginenhälften mit Tomatenreismasse füllen und mit Schafskäsewürfeln bestreuen. Gemüsebrühe in eine feuerfeste Auflaufform gießen, gefüllte Auberginen vorsichtig hineingeben und im Backofen etwa 10–15 Min. überbacken.

Das passt dazu eine fruchtige Tomatensoße (Seite 99).

Gallensteinpatienten verwenden anstelle von Schafskäse 2 Scheiben Gouda (30% Fett i. Tr.).

Nährwerte pro Portion
283 kcal • 11 g E • 7 g F • 42 g KH • 2,4 mg Fe • 0,3 mg Cu

» Ratatouillequiche

Gute-Laune-Essen

Tomatentarte

Für 8 Stücke • gelingt leicht
⏲ 25 Min. + 30 Min. Kühlzeit + ca. 50 Min. Garzeit

1 Stück Parmesan (ca. 25 g) • 150 g Weizenmehl Type 1050 • Salz • 100 g kalte Butter oder Diätmargarine • 4 Eier • 750 g Kirschtomaten • 200 g Schmand • Pfeffer • Muskat • 1 TL getr. Basilikum

- Parmesan fein reiben. 150 g Mehl, ca. ½ TL Salz, Butter in Stückchen und 1 Ei zügig zu einem glatten Mürbeteig verkneten – zuerst mit den Knethaken des Handrührgeräts, dann mit den Händen. Zugedeckt etwa 30 Min. kalt stellen.

- Tomaten waschen und halbieren. Schmand und restliche Eier verquirlen und mit Salz, Pfeffer und Muskat kräftig würzen. Parmesan und Basilikum einrühren.

- Backofen auf 200 Grad (Ober- und Unterhitze) vorheizen. Eine Spring- oder Tarteform (ca. 26 cm ∅) mit Backpapier auslegen. Den Teig auf wenig Mehl rund ausrollen (∅ ca. 30 cm) und die Form damit auslegen, dabei den Rand etwas andrücken. Boden mit einer Gabel mehrmals einstechen.

- Tomaten hineingeben und Eierschmand darübergießen. Im heißen Ofen ca. 45 – 50 Min. backen.

Nährwerte pro Portion
283 kcal • 9 g E • 20 g F • 16 g KH • 1,7 mg Fe • 0,2 mg Cu

Türkische Gemüsespeise

Zucchiniküchlein

Für 2 Personen • preisgünstig
⏲ 15 Min. + 5 – 10 Min. Garzeit

300 g Zucchini • 100 g Kartoffel • 1 Ei • 1 EL Vollkornmehl • 60 g Zwiebel • 1 Knoblauchzehe • 2 EL Olivenöl • Salz • Pfeffer, frisch gemahlen • Muskatnuss, frisch gerieben • 2 EL Schnittlauchröllchen

- Zucchini waschen, putzen und auf einer Gemüsereibe grob raffeln. Die Kartoffel waschen, schälen und ebenfalls grob raffeln. Das Ei und das Mehl in einen Schüttelbecher geben und kräftig vermengen, dann die Mischung unter das vorbereitete Gemüse mengen.

- Zwiebel und Knoblauchzehe schälen, klein schneiden und in einer beschichteten Pfanne in wenig Olivenöl glasig andünsten. Die Zwiebel-Knoblauch-Mischung etwas abkühlen lassen und zu der Zucchini-Kartoffel-Mischung geben. Mit den Gewürzen abschmecken und den Schnittlauch hinzufügen.

- In einer beschichteten Pfanne etwas Olivenöl erhitzen und aus der Masse kleine Küchlein braten. Die fertig gebratenen Zucchiniküchlein warm stellen und aus dem restlichen Öl und dem restlichen Teig weitere Küchlein braten.

Nährwerte pro Portion
264 kcal • 8 g E • 19 g F • 15 g KH • 3,4 mg Fe • 0,3 mg Cu

» Zucchiniküchlein

Sehen toll aus

Putenröllchen in Tomatensoße

Für 2 Personen • gelingt leicht
20 Min. + 15 Min. Garzeit

2 kleine Putenschnitzel (200 g) • Salz • Pfeffer, frisch gemahlen • 2 mittelgroße Champignons • 1 Tomate • 2 TL Olivenöl • 1 TL Tomatenmark • 4 EL Kondensmilch, 7,5 % Fett • 4 EL fettarme Milch • 1 Knoblauchzehe • 2 Stängel Basilikum

- Die Putenschnitzel waschen, mit Küchenkrepp trocken tupfen und mit Salz und Pfeffer von beiden Seiten würzen.

- Die Pilze mit einem feuchten Tuch abreiben und in Scheiben schneiden. Die Pilze auf den Schnitzeln verteilen, fest zusammenrollen und jeweils mit einem Zahnstocher zusammenstecken. Die Tomate abspülen, den Stielansatz herausschneiden und die Tomate in kleine Würfel schneiden.

- Das Öl in einer beschichteten Pfanne erhitzen und die beiden Röllchen rundherum anbraten. Das Tomatenmark kurz mitbraten, die Tomatenwürfel dazugeben und mit Kondensmilch und Milch aufgießen. Kurz aufkochen, etwa 5 Min. köcheln lassen und mit Salz und Pfeffer abschmecken. Knoblauchzehe abziehen, zerdrücken und zur Soße geben. Basilikum zupfen und in feine Streifen schneiden. Kurz vor dem Servieren zur Soße geben.

Leberzirrhosepatienten ersetzen die Milch durch die gleiche Menge Schlagsahne und erhöhen den Ölanteil auf 1 EL (455 kcal, 24 g E).

Gallensteinpatienten ersetzen die Champignons durch ein kleines Stück Aubergine und streichen die Knoblauchzehe.

Nährwerte pro Portion
295 kcal • 24 g E • 20 g F • 6 g KH • 2,3 mg Fe • 0,3 mg Cu

Würzig-lecker

Hähnchenschaschlik

Für 2 Personen • gelingt leicht
15 Min. + 30 Min. Marinierzeit + 10 Min. Garzeit

200 g Hähnchenbrustfilet • 2 EL Olivenöl • 1 EL Sojasoße • Salz • Paprika • Cayennepfeffer • je 80 g rote und grüne Paprikaschote • 60 g Zwiebel • 1 Knoblauchzehe

- Hähnchenbrustfilet waschen, mit einem Küchenkrepp trocken tupfen und in grobe, mundgerechte Würfel schneiden. Aus der Hälfte des Öls, der Sojasoße und den Gewürzen eine Marinade herstellen.

- Paprikaschoten waschen, halbieren, Strunk, Samen- und Samenwände herausschneiden und die Paprikahälften in mundgerechte Stücke schneiden. Zwiebel und Knoblauchzehe schälen, Zwiebel halbieren und vierteln. Knoblauch in feine Würfelchen schneiden und mit der Marinade mischen.

- Die vorbereiteten Hähnchenwürfel und das vorbereitete Gemüse in die Marinade geben und ca. 30 Min. marinieren.

- Die marinierten Fleisch- bzw. Gemüsestücke auf Schaschlikspieße stecken und in einer beschichteten Pfanne im restlichen Olivenöl von allen Seiten anbraten. Etwas Wasser angießen und zugedeckt ca. 5 – 8 Min. bei niedriger Hitze garen.

Nährwerte pro Portion
274 kcal • 26 g E • 16 g F • 6 g KH • 1,5 mg Fe • 0,2 mg Cu

» Hähnchenschaschlik

Prima Kombination

Kalbsgeschnetzeltes mit Spinat

Für 2 Personen • gut vorzubereiten
20 Min. + 10 Min. Garzeit

½ Lauchstange • 200 g Kalbsschnitzel • Salz • Pfeffer, frisch gemahlen • ½ TL Paprikapulver • 200 g Champignons • 1 kleine Knoblauchzehe • 2 TL Rapsöl • 200 g frischer Blattspinat • 1 TL Tomatenmark • 200 ml Kalbsfond • Muskatnuss, frisch gerieben • 2 EL fettreduzierter Frischkäse

- Lauch der Länge nach halbieren, unter fließendem Wasser gründlich abspülen und in Ringe schneiden. Fleisch kalt abspülen, trocken tupfen, in Streifen schneiden und mit Salz, Pfeffer und Paprikapulver würzen. Pilze putzen und in Scheiben schneiden. Knoblauch abziehen, fein würfeln und im Öl zusammen mit den Lauchringen andünsten. Fleisch dazugeben und 1 – 2 Min. mitbraten.

- Spinat putzen und gründlich waschen. Pilze, Knoblauch, Tomatenmark und Kalbsfond zum Fleisch in die Pfanne geben und bei starker Hitze 1 Min. kochen lassen. Mit Muskat abschmecken. Spinat hinzufügen, unter Rühren zusammenfallen lassen und abschmecken. Frischkäse hinzufügen und kurz aufkochen lassen.

Leberzirrhosepatienten reduzieren den Fleischanteil auf 160 g und verwenden fetteres Fleisch. Verwenden Sie statt Champignons ein größeres Stück Lauch (343 kcal, 27 g E).

Gallensteinpatienten verzichten auf Lauch, Champignons und Knoblauch und verwenden stattdessen 1 großes Stück Zucchini und 1 mittlere Karotte.

Nährwerte pro Portion
298 kcal • 38 g E • 14 g F • 4 g KH • 7,8 mg Fe • 0,8 mg Cu

Schnell und fein

Rinderfilet mit Gemüsestreifen

Für 2 Personen • gelingt leicht
15 Min. + 20 Min. Garzeit

1 mittelgroße Karotte • 1 Stück Petersilienwurzel • 1 mittelgroßes Stück Lauch • 400 ml Kalbsfond (Glas) • 250 g Rinderfilet • 1 TL scharfer Senf • 2 EL fettreduzierter Frischkäse • 2 EL Kondensmilch (7,5 % Fett) • Salz • Pfeffer, frisch gemahlen

- Das Gemüse abspülen, putzen und in schmale Streifen schneiden. Den Fond zum Kochen bringen und die Gemüsestreifen hineingeben. Das Fleisch kalt abspülen, in die Brühe legen und auf niedriger Stufe etwa 8 – 10 Min. gar ziehen lassen.

- Das Gemüse und das Fleisch am Ende der Garzeit aus der Brühe nehmen und warm stellen.

- Die Flüssigkeit bei großer Hitze etwas einkochen lassen und den Senf mit dem Frischkäse in die Soße rühren. Die Kondensmilch dazugeben und mit Salz und Pfeffer abschmecken. Die Gemüsestreifen untermengen und mit dem Fleisch servieren.

Leberzirrhosepatienten reduzieren den Fleischanteil auf 160 g und verdoppeln die Gemüseportionen. Greifen Sie zu Gemüsebrühe (100 ml, restliche Flüssigkeit Wasser) zum Garen und verwenden Sie anstelle von Frischkäse und Kondensmilch 4 EL Schlagsahne (287 kcal, 27 g E).

Gallensteinpatienten streichen den Lauch von der Zutatenliste. Anstelle von scharfem Senf verwenden Sie milden.

Nährwerte pro Portion
346 kcal • 48 g E • 12 g F • 10 g KH • 6,6 mg Fe • 0,5 mg Cu

» Kalbsgeschnetzeltes mit Spinat

Neapolitanisches Fischgericht

Kabeljau mit Tomaten-Oliven-Soße

Für 2 Personen • gelingt leicht
15 Min. + 15 Min. Garzeit

250 g Kabeljaufilets • 2 TL Zitronensaft • 1 Prise Salz • 200 g Tomaten • 60 g Zwiebel • 1 Knoblauchzehe • 1 EL Olivenöl • 1 EL Tomatenmark • 2 EL Oliven • 1 TL Kapern (Glas) • Pfeffer • getrockneter Basilikum • Majoran • Thymian • Rosmarin

- Das Fischfilet unter kaltem Wasser waschen, mit Küchenkrepp trocken tupfen, mit dem Zitronensaft beträufeln und mit dem Salz bestreuen.

- Tomaten waschen, halbieren, Strunk herausschneiden und die Tomaten in kleine Würfel schneiden. Zwiebel und Knoblauchzehe schälen, fein würfeln und im Öl glasig andünsten.

- Tomatenmark zugeben und einige Min. mitbraten. Die gewürfelten Tomaten zugeben und ebenfalls einige Min. mitköcheln lassen. 150 ml Wasser zugießen und aufkochen lassen. Abgetropfte Oliven und Kapern zugeben, Tomatensoße mit den Gewürzen abschmecken, die vorbereiteten Fischfilets in die Soße setzen und ca. 5 – 8 Min. gar ziehen lassen.

- Am Ende der Garzeit die Soße ggf. nochmals nachwürzen.

Tipp Um das Gericht kalorisch anzureichern, erhöhen Sie den Ölanteil auf 2 EL und geben 50 ml Schlagsahne in die Soße. Dadurch erhöht sich der Energieanteil um ca. 130 kcal.

Nährwerte pro Portion
265 kcal • 28 g E • 14 g F • 6 g KH • 1,6 mg Fe • 0,5 mg Cu

Feiner Fisch und zartes Gemüse

Französische Fischpfanne

Für 2 Personen • gelingt leicht
15 Min. + 55 Min. Garzeit

100 g Vollkorn- bzw. Naturreis • 2 Tassen Gemüsebrühe • 2 kleine Kabeljau- oder Rotbarschfilets (300 g) • 2 TL Zitronensaft • 200 g Zucchini • 200 g Aubergine • 1 große Tomate • 2 TL Olivenöl • Kräuter der Provence • Basilikum, Oregano (frisch oder getrocknet) • Salz • Pfeffer, frisch gemahlen

- Den Reis abspülen und in 1 Tasse Gemüsebrühe etwa 30 – 45 Min. kochen. Falls nötig, noch etwas Wasser hinzufügen. Die Fischfilets säubern (bei tiefgekühltem Fisch entfällt dieser Arbeitsschritt), trocken tupfen, von beiden Seiten mit Zitronensaft beträufeln und salzen.

- Die Zucchini, die Aubergine und die Tomate abspülen, putzen und in Stücke schneiden. Die frischen Kräuter abspülen, zupfen und hacken.

- Das Öl in einem Topf erhitzen und die Gemüsestücke darin kurz anbraten. Mit 1 Tasse Gemüsebrühe aufgießen, mit den Kräutern und den Gewürzen abschmecken.

- Das Fischfilet auf das Gemüse legen und etwa 10 Min. mit geschlossenem Deckel garen. Den Fisch vorsichtig herausnehmen und kurz warm stellen. Den gegarten Reis unter das Gemüse mischen und zusammen mit dem Fischfilet servieren.

Leberzirrhosepatienten reduzieren die Fischmenge auf 200 g und erhöhen die Ölmenge auf 1 EL Olivenöl (482 kcal, 32 g E).

Nährwerte pro Portion
442 kcal • 42 g E • 9 g F • 46 g KH • 4,8 mg Fe • 0,6 mg Cu

» Kabeljau mit Tomaten-Oliven-Soße

Reise nach Südindien

Fischcurry Madras

Für 2 Personen • geht schnell
15 Min. + 15 Min. Garzeit

2 Seelachsfilets (300 g) • 1 TL Zitronensaft • Salz • 1 Banane • 2 EL Mango (Dose) • 20 kleine Champignons • 2 EL Sojasprossen (Glas) • 2 TL Sojaöl • Curry • Koriander • Garam Masala • Kurkuma • 4 EL Kokosmilch • 2 TL Sojasoße • frischer Koriander

- Fischfilets säubern (bei tiefgekühltem Fisch entfällt dieser Arbeitsschritt), trocken tupfen, mit etwas Zitronensaft beträufeln und salzen. Fischfilet in mundgerechte Stücke schneiden. Banane schälen, in Scheiben schneiden und mit Zitronensaft beträufeln. Mangostücke abtropfen lassen und große Stücke zerkleinern. Obst mischen.

- Champignons putzen und vierteln. Sojasprossen abtropfen lassen. Gewürze im Öl anbraten, Champignons dazugeben und mit anschwitzen. Sojasprossen und Obst dazugeben und mit Kokosmilch und Sojasoße aufgießen. Die Fischstücke auf die Gemüsemasse geben und 10 Min. köcheln lassen. Mit Koriander servieren.

Leberzirrhosepatienten reduzieren die Fischmenge auf 200 g, streichen die Sprossen und erhöhen die Ölmenge auf 2 EL Sojaöl (315 kcal, 25 g E).

Gallensteinpatienten streichen die Pilze und verwenden stattdessen z. B. Zucchini, Brokkoli oder Sellerie. Testen Sie vorsichtig aus, ob Sie Mango vertragen.

Nährwerte pro Portion
284 kcal • 36 g E • 7 g F • 17 g KH • 2,7 mg Fe • 0,7 mg Cu

Schön fruchtig

Indonesischer Fisch

Für 2 Personen • gelingt leicht
10 Min. + 30 Min. Garzeit

2 kleine Fischfilets, Scholle oder Seelachs (300 g) • 1 EL Zitronensaft • Salz • mittelscharfer Senf • Currypulver • 200 g kleine Champignons • 1 Banane • 1 große Tomate • 2 EL Ananas • 2 EL fettreduzierter Frischkäse • 2 EL Petersilie, fein gehackt

- Die Fischfilets säubern (bei tiefgefrorenem Fisch entfällt dieser Arbeitsschritt), trocken tupfen, von beiden Seiten mit Zitronensaft beträufeln und danach salzen. Auf einer Seite mit Senf bestreichen und mit Curry würzen. Den Fisch in einen Topf legen.

- Die Champignons mit einem feuchten Tuch abreiben und in Scheiben schneiden. Die Banane und die Tomate in Scheiben schneiden. Zusammen mit den Champignons und der Ananas auf dem Fisch verteilen.

- Etwas Wasser dazugeben und bei geschlossenem Topf etwa 20–25 Min. garen. Den Fischsud mit dem Frischkäse andicken und nochmals mit Currypulver, Pfeffer, evtl. Salz und etwas Petersilie abschmecken.

Leberzirrhosepatienten verwenden eine fettreiche Fischsorte, wie z. B. Lachs oder Heilbutt – dann aber nur 160 g. Die Pilze werden in 1 TL Rapsöl angedünstet und anstelle von Frischkäse verwenden Sie Schlagsahne, um die Soße anzudicken (330 kcal, 20 g E).

Nährwerte pro Portion
281 kcal • 38 g E • 6 g F • 17 g KH • 2,7 mg Fe • 0,9 mg Cu

» Fischcurry Madras

Besonderes

Vegetarische Sushiröllchen

Avocado Maki

Für 8 Stück • braucht etwas mehr Zeit
⏲ 2 Std.

125 g Sushireis, Milch- oder Risottoreis • 1 EL Reisessig • 1 EL Zucker • ½ TL Salz • 2 TL Wasabipulver • 1 reife Avocado • 2 TL Zitronensaft • 2 – 3 Noriblätter • Sojasoße • eingelegter Ingwer

● Den Reis in einem Sieb unter fließendem kaltem Wasser abspülen. Den Reis 1 Std. abtropfen lassen. Reis mit 150 ml Wasser aufkochen, bei starker Hitze 2 Min. kochen, dann zugedeckt bei kleinster Hitze 10 Min. quellen lassen. Den Deckel abnehmen, Reis mit einem Küchentuch bedecken, 10 Min. abkühlen lassen.

● Reisessig, Zucker und Salz aufkochen und abkühlen lassen. Reis in eine Schüssel füllen, den Würzessig darüberträufeln und mit einem Holzspatel vermengen. Reis vollständig abkühlen lassen. Wasabipulver mit 1½ TL Wasser verrühren. Avocado entkernen, schälen und in schmale Streifen schneiden. Mit Zitronensaft beträufeln.

● Ein Noriblatt in einer beschichteten Pfanne bei mittlerer Hitze von einer Seite anrösten, bis es duftet. Dann der Länge nach mit einer Schere durchschneiden und mit der glänzenden Seite nach unten auf eine Bambus-Rollmatte legen, sodass der Rand vorne mit der Matte abschließt. Das Noriblatt dünn mit etwas Wasabi bestreichen und ca. ½ cm hoch den Reis daraufstreichen. Einen 1 cm breiten Rand freilassen, Avocado auf dem Reis verteilen und mithilfe der Matte fest aufrollen. In Stücke schneiden und mit Sojasoße, Wasabi und Ingwer servieren.

Nährwerte pro Portion:
447 kcal • 6 g E • 22 g F • 57 g KH • 1,0 mg Fe • 0,3 mg Cu

Variante ohne Algen

Lachs Nigiri

Für 8 Stück • braucht etwas mehr Zeit
⏲ 2 Std.

125 g Sushireis, Milch- oder Risottoreis • 1 EL Reisessig • 1 EL Zucker • ½ TL Salz • 150 g ganz frisches Lachsfilet oder Räucherlachs • 2 TL Wasabipulver • Sojasoße • eingelegter Ingwer

● Reis in einem Sieb unter fließendem, kaltem Wasser abspülen. Reis 1 Std. abtropfen lassen. Reis mit 150 ml Wasser aufkochen, bei starker Hitze 2 Min. kochen, dann zugedeckt bei kleinster Hitze 10 Min. quellen lassen. Deckel abnehmen, Reis mit einem Küchentuch bedecken und 10 Min. abkühlen lassen. Reisessig, Zucker und Salz aufkochen und abkühlen lassen. Reis in eine Schüssel füllen, den Würzessig darüberträufeln und mit einem Holzspatel vermengen. Reis vollständig abkühlen lassen.

● Lachsfilet in Alufolie wickeln und für ca. 1 Std. in das Gefrierfach legen, damit es sich gut schneiden lässt. Wasabipulver mit 1 ½ TL Wasser verrühren. Lachs schräg zur Faser in 8 dünne und gleichmäßige Stücke (ca. 3 × 5 cm) schneiden. Auf Küchenkrepp auftauen lassen, dann auf einer Seite hauchdünn mit Wasabi bestreichen.

● Mit angefeuchteten Händen jeweils 1 EL Sushireis länglich formen. Fischstücke mit der bestrichenen Seite nach oben in die linke Handfläche legen. Darauf ein Reisklößchen setzen und sanft andrücken. Sushi umdrehen, von oben mit den Fingern halbrund nachformen. Mit Sojasoße, Wasabi und Ingwer servieren.

Nährwerte pro Portion
428 kcal • 22 g E • 11 g F • 60 g KH • 2,1 mg Fe • 0,3 mg Cu

Feine Vorspeise

Süßkartoffelrösti mit Lachs

Für 2 Personen • gelingt leicht
10 Min. + 9 Min. Garzeit

400 g Süßkartoffeln • 80 g Kartoffel • Salz • Pfeffer • Muskatnuss • 2 EL Rapsöl • 80 g geräucherter Lachs

- Die Süßkartoffel und die Kartoffel waschen, schälen, auf einer Gemüsereibe grob raspeln, in einem Küchentuch gut ausdrücken. Mit Salz, Pfeffer und Muskatnuss würzen.

- Portionsweise in einer beschichteten Pfanne mehrere kleine oder zwei größere Rösti backen. Zum Wenden der größeren Rösti diese auf einen Teller gleiten lassen, einen zweiten Teller auflegen, umdrehen, die Rösti wieder in die heiße Pfanne gleiten lassen und weiterbraten. Herausnehmen und warm stellen.

- Die Rösti mit dem geräuchertem Lachs belegt servieren.

Nährwerte pro Portion:
437 kcal • 12 g E • 19 g F • 54 g KH • 2,2 mg Fe • 0,4 mg Cu

Köstliche Beilage

Zucchinichutney

Für ca. 400 ml • gut vorzubereiten
1 Std. + 30 Min. Garzeit

400 g Zucchini • Salz • 60 g Zwiebel • 1 rote Paprikaschote • 100 g brauner Zucker • 125 ml Weißweinessig • 1 TL Currypulver • Pfeffer • 1 EL Stärke zum Binden

- Zucchini waschen und in kleine Würfel schneiden. Mit 1 EL Salz in einer Schüssel vermischen und 30 Min. ziehen lassen. Wasser abgießen. Zucchini unter kaltem Wasser abspülen und abtropfen lassen.

- Zwiebel schälen und klein schneiden. Paprika waschen, putzen und klein schneiden. Alle Zutaten bis auf die Stärke in einen Topf geben und unter Rühren zum Kochen bringen. Bei mittlerer Hitze ca. 30 Min. kochen lassen, ggf. nachwürzen. Stärke mit kaltem Wasser anrühren, zugeben und unter Rühren 2 Min. sprudelnd kochen lassen. Das Chutney in Twist-off-Gläser füllen und diese für 5 Min. auf den Kopf stellen.

Nährwerte pro Portion (ca. 50 g)
52 kcal • 1 g E • 0 g F • 10 g KH • 0,9 mg Fe • 0 mg Cu

Herbstlich-lecker

Pflaumenchutney

Für ca. 700 ml • gut vorzubereiten
20 Min. + 35 Min. Garzeit

½ kg Pflaumen • 30 g Ingwer • 400 g Schalotten • 1 EL Sonnenblumenöl • 150 g brauner Zucker • 150 ml Rotweinessig • Salz • Pfeffer • 1 EL Stärke

- Pflaumen waschen, halbieren, entsteinen und in schmale Spalten schneiden. Ingwer schälen und fein reiben. Schalotten schälen und in schmale Streifen schneiden. Ingwer und Schalotten im Öl glasig andünsten. Pflaumen zugeben und einige Min. mitbraten. Zucker zugeben unter Rühren mitbraten, dann mit Essig ablöschen und mit den Gewürzen abschmecken.

- Das Chutney bei mittlerer Hitze ca. 30 Min. kochen lassen, ggf. nachwürzen. Stärke mit kaltem Wasser anrühren, zugeben und unter Rühren 2 Min. sprudelnd kochen lassen. Das Chutney in Twist-off-Gläser füllen und für 5 Min. auf den Kopf stellen.

Nährwerte pro Portion (ca. 50 g)
117 kcal • 1 g E • 2 g F • 24 g KH • 0,5 mg Fe • 0,1 mg Cu

» Süßkartoffelrösti mit Lachs

Beilagen

Schön aromatisch

Rosmarinkartöffelchen

Für 2 Personen • gelingt leicht
5 Min. + 30 Min. Garzeit

350 g junge, kleine gemischte Kartoffeln (z. B. Frühkartoffeln und rotschalige Kartoffeln) • 1 EL Olivenöl • 2 Zweige Rosmarin • 2 Knoblauchzehen • grobes Meersalz • Pfeffer, frisch gemahlen

- Kartoffeln unter fließendem Wasser gründlich abbürsten und in etwas Salzwasser in 15 – 20 Min. garen. Gut abtropfen lassen.

- Öl in einer beschichteten Pfanne erhitzen, Rosmarinzweige waschen und abtrocknen, ungeschälte Knoblauchzehen mit dem Messerrücken etwas zerdrücken und zusammen mit den Kartoffeln und den Rosmarinzweigen in die Pfanne geben.

- Mit grobem Meersalz und Pfeffer würzen und servieren, sobald die Kartoffeln knusprig sind.

Gallensteinpatienten streichen bei Unverträglichkeit den Knoblauch von der Zutatenliste.

Nährwerte pro Portion
197 kcal • 4 g E • 8 g F • 26 g KH • 0,8 mg Fe • 0,2 mg Cu

Schöne Farbe

Karotten-Kartoffel-Püree

Für 2 Personen • gelingt leicht
15 Min. + 20 Min. Garzeit

4 mittelgroße Kartoffeln • 1 große Karotte • 1 Tasse fettarme Milch • 2 Zweige Estragon • 1 TL Meerrettich • Muskatnuss, frisch gerieben • Salz • Pfeffer, frisch gemahlen

- Die Kartoffeln und die Karotte abspülen, schälen und in Würfel schneiden.

- Einen Topf mit kaltem Wasser ausspülen und die Gemüsewürfel hineingeben. Die Milch dazugeben und zum Kochen bringen. Bei schwacher Hitze etwa 15 Min. garen.

- Nach der Garzeit die Kartoffeln und die Karottenstücke mit einem Pürierstab fein pürieren.

- Estragon fein schneiden. Zusammen mit dem Meerrettich untermengen und mit Muskat, Salz und Pfeffer abschmecken.

Leberzirrhosepatienten tauschen die Milch gegen Gemüsebrühe aus und geben noch 1 TL Olivenöl zum Püree (195 kcal, 5 g E).

Nährwerte pro Portion
177 kcal • 7 g E • 2 g Fett • 32 g KH • 2,8 mg Fe • 0,2 mg Cu

Scharf-würzig

Indisches Kartoffelpüree

Für 2 Personen • gut vorzubereiten
20 Min. + 30 Min. Garzeit

6 mittelgroße Kartoffeln • 1 kleine Zwiebel • 1 kleines Stück Chilischote • 1 mittelgroße Tomate • ½ TL schwarze Senfkörner • 2 TL Olivenöl • ½ TL Kurkuma • 1 TL Garam Masala (indische Gewürzmischung) • 2 TL Zitronensaft • etwas frische Minze

- Die Kartoffeln ungeschält in Salzwasser etwa 20–30 Min. garen, pellen und noch heiß durch eine Kartoffelpresse drücken. Die Zwiebel abziehen, die Chilischote putzen. Beides fein würfeln. Die Tomate würfeln.

- Senfkörner, Zwiebel und Chili im Öl andünsten. Kurkuma und Garam Masala hinzufügen. Mit Zitronensaft und einem Schuss Wasser ablöschen. Tomatenwürfel untermengen. Mit gehackter Minze bestreut servieren.

Leberzirrhosepatienten erhöhen den Ölanteil auf 1 EL (321 kcal, 6 g E).

Gallensteinpatienten streichen die Zwiebel und die Chilischote.

Nährwerte pro Portion
233 kcal • 6 g E • 5 g F • 38 g KH • 1,4 mg Fe • 0,3 mg Cu

Mit frischen Kräutern

Backofenkartoffeln

Für 2 Personen • braucht etwas mehr Zeit
15 Min. + 40 Min. Garzeit

6 mittelgroße Kartoffeln • 2 TL Olivenöl • 2 EL Basilikum, Thymian, Oregano, Rosmarin • Salz • Pfeffer, frisch gemahlen • Paprikapulver • Curry • 2 Knoblauchzehen

- Kartoffeln gründlich bürsten und halbieren. Backofen auf 200 Grad (Umluft 180 Grad) vorheizen. Backblech mit Backpapier auslegen. Kartoffelschnittflächen mit etwas Öl bepinseln. Kräuter hacken. Mit den Gewürzen gut vermischen.

- Die Kartoffeln aufs Blech setzen und die Kräutermischung darüberstreuen. Knoblauch abziehen, würfeln und über die Kartoffeln streuen. Die Kartoffeln etwa 30–45 Min. garen. Nach der Hälfte der Garzeit wenden.

Leberzirrhosepatienten erhöhen den Ölanteil auf 1 EL (301 kcal, 5 g E).

Gallensteinpatienten streichen den Knoblauch.

Nährwerte pro Portion
214 kcal • 5 g E • 5 g F • 35 g KH • 1,0 mg Fe • 0,2 mg Cu

Unbedingt probieren

Karamellisierte Kartoffeln

Für 2 Personen • preisgünstig
10 Min. + 45 Min. Garzeit

10 kleine Kartoffeln • 2 kleine Äpfel • 2 TL Zitronensaft • 4 TL Zucker • 2 TL Butter • Salz • Pfeffer, frisch gemahlen • Majoran

- Die Kartoffeln abspülen und ungeschält in Salzwasser etwa 20–30 Min. kochen, abgießen und schälen. Die Äpfel schälen, vierteln, vom Kerngehäuse befreien und in dicke Scheiben schneiden. Sofort mit dem Zitronensaft beträufeln.

- Den Zucker in einer beschichteten Pfanne erwärmen, bis er anfängt zu schmelzen. Die Butter unterrühren. Die Kartoffeln hinzufügen und etwa 7 Min. bei schwacher Hitze wenden, bis sie rundherum glänzen. Mit Salz und Pfeffer würzen. Apfelschnitze zugeben und 5 Min. mitdünsten und mit etwas Majoran würzen.

Leberzirrhosepatienten erhöhen die Buttermenge auf 1 EL (365 kcal, 5 g E).

Nährwerte pro Portion
291 kcal • 5 g E • 5 g F • 56 g KH • 1,4 mg Fe • 0,3 mg Cu

» Karamellisierte Kartoffeln

Ein bunter Augenschmaus

Würzreis

Für 2 Personen • preisgünstig
10 Min. + 45 Min. Garzeit

1 kleine Zwiebel • 1 kleine Knoblauchzehe • 2 TL Rapsöl • 6 EL Vollkornreis • ½ Lorbeerblatt • 250 ml Gemüsebrühe • Salz • Pfeffer, frisch gemahlen • Currypulver • Paprikapulver

- Zwiebel und Knoblauch abziehen und fein würfeln. Das Öl erhitzen und die Zwiebel- und Knoblauchwürfel darin goldgelb anbraten. Den Reis und das Lorbeerblatt dazugeben und kurz rösten.

- Mit der Gemüsebrühe auffüllen, die Gewürze dazugeben und 30–40 Min. auf mittlerer Stufe köcheln lassen. Bei Bedarf noch etwas Wasser oder Gemüsebrühe hinzufügen. Vor dem Servieren das Lorbeerblatt aus dem Reis entfernen.

Leberzirrhosepatienten erhöhen den Ölanteil auf 1 EL (355 kcal, 8 g E).

Gallensteinpatienten streichen die Zwiebel und die Knoblauchzehe von der Zutatenliste.

Nährwerte pro Portion
267 kcal • 8 g E • 7 g F • 42 g KH • 2,1 mg Fe • 0,4 mg Cu

Knackig-kernige Beilage

Nussreis

Für 2 Personen • gut vorzubereiten
5 Min. + 25 Min. Garzeit

250 ml Gemüsebrühe • 80 g Reis • 1 TL Kurkuma • 1 gehäufter EL Cashewnüsse • 1 gehäufter EL Pistazien • 1 EL Mandelblättchen • Salz • Pfeffer, frisch gemahlen

- Gemüsebrühe zum Kochen bringen, den Reis und das Kurkuma zugeben und 20 Min. kochen lassen.

- Cashewnüsse und Pistazien grob hacken und in einer beschichteten Pfanne zusammen mit den Mandelblättchen erhitzen, bis alles aromatisch zu duften beginnt. Die Nussmischung auf einem Teller abkühlen lassen.

- Den Reis mit Salz und Pfeffer würzen und mit den gerösteten Nüssen vermischt servieren.

Nährwerte pro Portion
284 kcal • 8 g E • 12 g F • 36 g KH • 1,4 mg Fe • 0,5 mg Cu

Lustig-bunte Beilage

Gemüsereis

Für 2 Personen • gelingt leicht
10 Min. + 50 Min. Garzeit

6 EL Vollkornreis • 1 große Karotte • 1 mittelgroßes Stück Zucchini • 2 Handvoll Brokkoliröschen • 2 TL Sesamöl • Salz • Pfeffer, frisch gemahlen • 2 TL Sesamsamen

- Den Vollkornreis in Salzwasser etwa 30–40 Min. garen.

- Das Gemüse abspülen, putzen und die Karotte und die Zucchini in kleine Würfel schneiden. Das Öl erhitzen und das Gemüse darin andünsten. Salzen und pfeffern.

- In einer beschichteten Pfanne den Sesam ohne Fett anrösten und anschließend abkühlen lassen. Den abgetropften Reis mit dem Gemüse und dem Sesam vermischen und nochmals abschmecken.

Nährwerte pro Portion
326 kcal • 9 g E • 9 g F • 52 g KH • 5,2 mg Fe • 0,4 mg Cu

» Nussreis

518
Stifter: Heiliger Abend

Der Klassiker aus Norditalien

Risotto Milanese

Für 2 Personen • braucht etwas mehr Zeit
⏲ 10 Min. + 35 Min. Garzeit

1 kleine Zwiebel • ½ kleine Knoblauchzehe • 1 TL Olivenöl • 100 g Rundkornreis (z. B. Arborio) • ½ l heiße Gemüse- oder Geflügelbrühe • 2 Msp. Safran • 2 EL Parmesan, gerieben • 1 TL Butter • Salz • Pfeffer, frisch gemahlen • Muskatnuss, frisch gerieben

- Zwiebel und Knoblauchzehe abziehen und fein würfeln. Öl erhitzen und Zwiebel- und Knoblauchwürfel andünsten. Reis hinzufügen und so lange dünsten, bis er glasig glänzt. Mit 100 ml Brühe aufgießen und die Flüssigkeit bei offenem Deckel einkochen lassen. Die restliche Brühe tassenweise nachgießen, sobald die Flüssigkeit vom Reis aufgenommen wurde. Dabei gut umrühren, damit der Risotto nicht anbrennt.

- In der letzten Tasse Brühe den Safran auflösen (die Garzeit des Risottos beträgt etwa 20 – 30 Min.). Zuletzt Parmesan zugeben und gründlich untermischen. Risotto mit Salz, Pfeffer und Muskat abschmecken.

Leberzirrhosepatienten erhöhen die Ölmenge auf 2 EL und Buttermenge auf 2 EL. Weiterhin reduzieren Sie die Parmesanmenge auf 2 TL und verwenden nur 200 ml Gemüsebrühe, die restliche Flüssigkeit ersetzen Sie durch Wasser (382 kcal, 7 g E).

Gallensteinpatienten streichen die Zwiebel und die Knoblauchzehe von der Zutatenliste.

Nährwerte pro Portion
301 kcal • 10 g E • 9 g F • 45 g KH • 1,3 mg Fe • 4 mg Cu

Schön leicht

Sommerspätzle

Für 2 Personen • gelingt leicht
⏲ 30 Min. + ca. 8 Min. Garzeit + 30 Min. Quellzeit

140 g Weizenmehl Type 550 • 2 gut gehäufte EL Hartweizengrieß • 2 Eier • 4½ EL Vollmilch • 1 kleine Zwiebel • 1 mittelgroße Zucchini (ca. 200 g) • 2 TL Rapsöl • Salz • Pfeffer, frisch gemahlen • Muskatnuss • 2 EL Schlagsahne

- Aus Mehl, Hartweizengrieß, Eiern, Milch und 2½ EL Wasser mit den Schneebesen des Handrührgeräts einen Spätzleteig herstellen und ca. 30 Min. quellen lassen.

- Zwiebel schälen und in kleine Würfel schneiden. Zucchini waschen, putzen und in schmale Stifte schneiden. Reichlich Salzwasser zum Kochen bringen. Öl erhitzen und Zwiebelwürfel und Zucchinistifte darin andünsten.

- Hälfte des Spätzleteigs in eine Spätzlepresse geben und Teig ins kochende Wasser drücken. Spätzle aufkochen lassen und ca. 1 – 2 Min. kochen lassen. Spätzle in kaltes Wasser geben. Restlichen Teig ebenso zu Spätzle verarbeiten.

- Gut abgetropfte Spätzle zu den Zucchinistiften geben und mit Salz, Pfeffer und Muskatnuss würzen. Sahne angießen und einmal aufkochen lassen.

Gallensteinpatienten streichen bei Unverträglichkeit die Zwiebel. Um Kalorien zu sparen, lässt sich anstelle der Sahne auch Kondensmilch, 7,5 % Fett, einsetzen.

Nährwerte pro Portion
563 kcal • 21 g E • 19 g F • 76 g KH • 4 mg Fe • 0,4 mg Cu

» Sommerspätzle

Unbedingt ausprobieren

Hirse vom Blech

Für 2 Personen • braucht etwas mehr Zeit
15 Min. + 40 Min. Garzeit

1 kleine Zwiebel • 1 kleine Knoblauchzehe • 1 TL Olivenöl • 140 g Hirse • 200 ml Gemüsebrühe • 2 EL geriebener Käse, 30 % Fett i. Tr. • 2 kleine Eier • frische Kräuter (Petersilie, Schnittlauch, Basilikum) • 2 EL saure Sahne • 2 EL fettarmer Joghurt • 2 TL Tomatenmark

- Zwiebel und Knoblauch abziehen und fein würfeln. In Öl goldgelb andünsten. Die Hirse dazugeben und mit der Gemüsebrühe ablöschen. Etwa 20 Min. köcheln lassen, bis alle Flüssigkeit aufgenommen ist.

- Den Käse mit den Eiern verquirlen, unter den Hirsebrei mengen und dünn auf ein mit Backpapier ausgelegtes Blech streichen.

- Backofen auf 200 Grad (Umluft 180 Grad) vorheizen. Kräuter fein hacken. Schnittlauch in Röllchen schneiden. Saure Sahne, Joghurt und Tomatenmark glatt rühren und mit den Kräutern und den Gewürzen abschmecken. Auf dem Hirsebrei verteilen und 15 Min. backen.

Leberzirrhosepatienten erhöhen den Ölanteil auf 1 EL, streichen den Käse und verwenden statt saurer Sahne und Joghurt 4 EL Schlagsahne (452 kcal, 14 g E).

Gallensteinpatienten streichen die Zwiebel, die Knoblauchzehe und den Schnittlauch von der Zutatenliste.

Nährwerte pro Portion
428 kcal • 19 g E • 15 g Fett • 54 g KH • 7,5 mg Fe • 0,8 mg Cu

Auf mediterrane Art

Italienischer Spargel

Für 2 Personen • gelingt leicht
15 Min. + 15 Min. Garzeit

½ kg weißer Spargel • Salz • 1 Prise Zucker • 1 EL Zitronensaft • 1 TL Olivenöl • 3 EL Balsamicoessig • 1 Handvoll Rucola (ca. 20 g) • 1 Stück Parmesan, 30 % Fett i. Tr. (ca. 30 g) • 1 EL gemahlene Haselnüsse (ca. 10 g)

- Spargel schälen und die eingetrockneten Enden etwas einkürzen. ½ Liter Wasser mit Salz, Zucker, Zitronensaft und dem Öl zum Kochen bringen.

- Den Spargel in das Wasser geben und 15–20 Min. darin garen. Dann etwas Spargelwasser abnehmen und beiseitestellen, den Spargel abgießen, abtropfen lassen und auf eine Platte legen.

- Essig mit etwas Spargelwasser mischen und den Spargel damit übergießen. Rucola waschen, trocken schütteln, klein zupfen und über den Spargel verteilen.

- Den Parmesankäse mit einem Käsehobel in feinste Späne schneiden und zusammen mit den gemahlenen Haselnüssen über den Spargel streuen.

Nährwerte pro Portion
170 kcal • 11 g E • 11 g F • 6 g KH • 1,8 mg Fe • 0,5 mg Cu

» Hirse vom Blech

Kunterbunte Mischung

Mediterraner Gemüsemix

Für 2 Personen • gelingt leicht
10 Min. + 10 Min. Garzeit

150 g Aubergine • 1 rote Paprikaschote • 1 gelbe Paprikaschote • 150 g Fenchel • 2 kleine Lauchzwiebeln • 4 EL Ananas (Dose) • 2 TL Olivenöl • Salz • Pfeffer, frisch gemahlen • 2 TL Balsamicoessig • 2 TL Pinienkerne

- Das Gemüse putzen, abspülen und in mundgerechte Stücke schneiden. Die Ananasstücke abtropfen lassen. Das Gemüse im Öl anbraten. Ananas dazugeben und mitbraten.

- Mit Salz, Pfeffer und Balsamicoessig abschmecken. Die Pinienkerne in einer beschichteten Pfanne ohne Fett goldgelb anrösten und vor dem Servieren über das Gemüse verteilen.

Leberzirrhosepatienten erhöhen den Ölanteil auf 1 EL (262 kcal, 5 g E).

Gallensteinpatienten streichen Paprika und Lauch und verwenden stattdessen 1 Stück Zucchini.

Nährwerte pro Portion
173 kcal • 5 g E • 8 g F • 19 g KH • 2,8 mg Fe • 0,3 mg Cu

Gratinierte Beilage

Kräuterpolenta

Für 2 Personen • geht schnell
10 Min. + 20 Min. Garzeit

2 Tassen Gemüsebrühe • Rosmarinnadeln • frische Thymianblättchen • 1 kleine Knoblauchzehe • 4 EL Polenta (Maisgrieß) • Salz • Pfeffer, frisch gemahlen • 1 TL Olivenöl • 2 TL Parmesan, gerieben

- Gemüsebrühe zum Kochen bringen. Kräuter fein hacken. Knoblauch abziehen und fein würfeln. Kräuter und Knoblauch in die Brühe geben und die Polenta löffelweise einrühren.

- Die Masse bei kleiner Hitze etwa 10 Min. köcheln lassen, bis sie andickt. Mit Salz, Pfeffer und dem Öl abschmecken. Die Masse in eine feuerfeste Auflaufform füllen, glatt streichen, mit dem Parmesan bestreuen und im Backofengrill 5 Min. auf höchster Stufe gratinieren.

Leberzirrhosepatienten erhöhen den Ölanteil auf 1 EL (374 kcal, 9 g E).

Gallensteinpatienten streichen den Knoblauch.

Nährwerte pro Portion
268 kcal • 9 g E • 5 g F • 47 g KH • 1,3 mg Cu • 0,2 mg Fe

Der Duft von Nordafrika

Couscous Casablanca

Für 2 Personen • geht schnell
ca. 2 Min. + 20 Min. Quellzeit

4 große getrocknete Tomaten (ca. 30 g) • 4 gehäufte EL Couscous • 1 Tasse Wasser • Salz • Pfeffer, frisch gemahlen

- Tomaten in feine Streifen schneiden und zusammen mit dem Couscous in eine Schüssel geben.

- Das Wasser mit 1 Prise Salz zum Kochen bringen.

- Die Tomaten-Couscous-Mischung mit dem kochenden Wasser übergießen und ca. 15–20 Min. ziehen lassen, bis das Wasser ganz aufgesaugt ist. Couscous mit Salz und Pfeffer würzen.

Variante Bei der Verwendung von Instant-Couscous verkürzt sich die Quellzeit um 10–15 Min.

Nährwerte pro Portion
229 kcal • 7 g E • 1 g F • 48 g KH • 0,7 mg Fe • 0,5 mg Cu

» Mediterraner Gemüsemix mit fruchtiger Tomatensoße

Prima zu Grillgemüse

Fruchtige Tomatensoße

Für 2 Personen • geht schnell
⏲ 10 Min. + 10 Min. Garzeit

4 Tomaten • 1 Zwiebel • 1 Knoblauchzehe • 2 TL Olivenöl • 1 TL Tomatenmark • 200 ml Gemüsebrühe • Salz • Pfeffer, frisch gemahlen • Basilikum • Thymian • Oregano • Majoran • Zucker • Balsamicoessig

- Die Tomaten würfeln. Zwiebel und Knoblauchzehe fein hacken und beides in 2 TL Öl goldgelb andünsten.

- Die Tomatenstücke und das Tomatenmark dazugeben und kurz mitbraten. Mit der Gemüsebrühe ablöschen und etwa 5 Min. köcheln lassen.

- Mit Salz, Pfeffer, Basilikum, Thymian, Oregano, Majoran, einer kräftigen Prise Zucker und etwas Balsamicoessig abschmecken und mit einem Pürierstab glatt pürieren.

Nährwerte pro Portion
102 kcal • 3 g E • 6 g F • 9 g KH • 1,1 mg Fe • 0,2 mg Cu

Den Stiel der Artischocken mit einem scharfen Messer abschneiden, den Stielansatz dünn schälen.

Die äußeren harten Artischockenblätter Schicht für Schicht entfernen, bis die Blätter weich und zart werden.

Mit einem Sägemesser oder mithilfe einer Schere die oberen Blattspitzen um ein Drittel kürzen.

Die Artischocken vierteln und, wenn Heu vorhanden ist, dieses mit den Fingern herauszupfen. Artischocken in Zitronenwasser legen.

Ballaststoffreiches Gemüse

Gebratene Artischocken

Für 2 Personen • gelingt leicht
10 Min. + 10 Min. Garzeit

Zitronensaft • 6 kleine Artischocken • 2 Knoblauchzehen • 1 EL Olivenöl • Salz • Pfeffer, frisch gemahlen • 2 EL Balsamicoessig

- Zitronenwasser in einer Schüssel bereitstellen. Den Stiel der Artischocken mit einem scharfen Messer knapp abschneiden. Die äußeren harten Blätter entfernen.

- Mit einem Messer ein Drittel der Blattspitzen kürzen. Die Artischocken vierteln und, wenn Heu vorhanden ist, dieses herauszupfen. Sofort in das Zitronenwasser legen, weil sie sich sonst dunkel verfärben.

- Knoblauch abziehen und in dünne Scheibchen schneiden. Olivenöl in einer breiten Pfanne erhitzen. Artischocken aus dem Zitronenwasser nehmen, trocken tupfen und in dem heißen Olivenöl bei mittlerer Hitze von allen Seiten in etwa 10 Min. goldgelb braten. Knoblauch dazugeben, kurz weiterbraten. Salzen, pfeffern, mit Essig ablöschen und noch einmal kurz aufkochen lassen.

Nährwerte pro Portion
96 kcal • 2 g E • 8 g F • 3 g KH • 1,4 mg Fe • 0,3 mg Cu

Süßes

Superfruchtig

Rote Grütze

Für 2 Portionen • gelingt leicht

10 Min. + 4 Min. Garzeit + 1 Std. Kühlzeit

100 g Himbeeren • 100 g Brombeeren • 100 g rote Johannisbeeren • 1 EL Zucker • 200 ml Kirschsaft oder ein anderer roter Fruchtsaft • 2 TL Stärke

- Die Beeren vorsichtig waschen, verlesen und gut abtropfen lassen. Vorbereitete Früchte mit dem Zucker vermengen und einige Min. stehen lassen.
- 2 EL Fruchtsaft mit der Stärke verrühren, restlichen Fruchtsaft in einem kleinen Topf erhitzen, Beeren zugeben und, sobald die Masse kocht, die angerührte Stärke mit einem Schneebesen einrühren.
- Die Rote Grütze ca. 1 Min. sprudelnd kochen lassen und in 2 Dessertschälchen füllen. Grütze abkühlen lassen und mind. 1 Std. kalt stellen.

Nährwerte pro Portion

169 kcal • 3 g E • 1 g F • 33 g KH • 2,0 mg Fe • 0,3 mg Cu

Mit leckerer Erdbeersoße

Kokosmilchreis

Für 2 Personen • gelingt leicht

10 Min. + 30 – 40 Min. Garzeit

½ Vanilleschote • 300 ml Kokosmilch • 80 g Milchreis • Salz • 2 EL brauner Zucker • 300 g Erdbeeren

- Die Vanilleschote aufschneiden und das Vanillemark herausschaben. Kokosmilch aufkochen, Milchreis, Vanillemark, Vanilleschote und 1 Prise Salz zugeben. Reis auf niedrigster Stufe 30 – 40 Min. ausquellen lassen. Ab und zu umrühren, damit der Reis nicht verklumpt oder anbrennt.
- Am Ende der Garzeit die Vanilleschote herausnehmen und den Milchreis mit dem Zucker abschmecken.
- Erdbeeren waschen, putzen, vierteln und in ein hohes Gefäß geben. Mit einem Pürierstab die Früchte zu feinem Mus pürieren.
- Milchreis auf zwei Schälchen verteilen und mit dem Fruchtmus übergossen servieren.

Nährwerte pro Portion

285 kcal • 4 g E • 1 g F • 62 g KH • 2,8 mg Fe • 0,7 mg Cu

Herrliches Dessert

Schokoladencreme

Für 2 Personen • geht schnell
15 Min. + 2 – 3 Std. Kühlzeit

½ Tafel Zartbitterschokolade •
125 ml Sahne

- Die Schokolade in einen kleinen Topf bröckeln und die Sahne dazugeben. Auf mittlerer Flamme die Schokolade zum Schmelzen bringen. Die Mischung in eine Rührschüssel umfüllen und mit den Schneebesen des Handrührgeräts glatt rühren.
- Abkühlen lassen und für einige Std. kühl stellen. Die Creme vor dem Servieren aufschlagen und ggf. mit etwas Zucker abschmecken.

Variante Wer es süßer mag, kann auch die Hälfte der Schokolade gegen Vollmilchschokolade austauschen.

Nährwerte pro Portion
306 kcal • 3 g E • 27 g F • 13 g KH •
1,2 mg Fe • 0,4 mg Cu

Wie bei der Oma

Grießpudding

Für 2 Personen • gut vorzubereiten
15 Min. + 1 Std. Kühlzeit

200 ml fettarme Milch • ½ Vanilleschote • 1 EL Grieß • Zucker oder Süßstoff

- Die Milch in einem mit kaltem Wasser ausgespülten Topf zum Kochen bringen.
- Die Vanilleschote mit einem Messer aufschneiden und das Mark herauskratzen. Vanillemark und die Schote zur Milch geben.
- Sobald die Milch kocht, den Grieß einstreuen und etwa 5 Min. ausquellen lassen.
- Mit Zucker oder Süßstoff abschmecken und in kalt ausgespülte Dessertschälchen füllen. Kurz abkühlen lassen und danach für etwa 1 Std. kühl stellen.

Nährwerte pro Portion
104 kcal • 4 g E • 2 g F • 18 g KH •
0,7 mg Fe • 0 mg Cu

Topping für Grießpudding

Heidelbeersoße

Für 2 Personen • gelingt leicht
5 Min. + 3 Min. Garzeit

250 g Heidelbeeren • 5 g Butter • 10 g Zucker • 20 ml Johannisbeersaft • 20 g Mandelkrokant

- Heidelbeeren verlesen, waschen, evtl. die Stiele abzupfen und die Beeren gut abtropfen lassen.
- Butter in einem kleinen Topf erhitzen und die Beeren und den Zucker zugeben, aufkochen lassen. Mit dem Johannisbeersaft ablöschen und 2 Min. köcheln lassen.
- Die Früchte in ein hohes Gefäß geben und mit einem Pürierstab mixen. Zusammen mit dem Mandelkrokant zum Grießpudding (links) servieren.

Nährwerte pro Portion
147 kcal • 1 g E • 5 g F • 24 g KH •
1,1 mg Fe • 0,2 mg Cu

» Grießpudding

Die muss man probieren

Rhabarbergrütze

Für 2 Personen • gut vorzubereiten
25 Min. + 1 Std. Kühlzeit

250 g Rhabarber • 5 Blätter Gelatine • 4 EL Johannisbeergelee • 125 ml Johannisbeersaft • 1 Banane • etwas flüssiger Süßstoff

- Den Rhabarber putzen, abspülen und in etwa 2 cm lange Stücke schneiden. Die Gelatineblätter in kaltem Wasser einweichen.

- Johannisbeergelee, Rhabarber und Johannisbeersaft zum Kochen bringen und etwa 5 Min. weich kochen. Die Banane in kleine Stücke schneiden und zugeben. Evtl. mit etwas Süßstoff nachsüßen.

- Die Gelatine ausdrücken und kurz im Topf bzw. in der Mikrowelle schmelzen lassen. Eine kleine Menge des Rhabarbers in die aufgelöste Gelatine rühren. Dann die Gelatine in das Kompott geben und alles gut miteinander mischen. Vor dem Servieren für mindestens 1 Std. kalt stellen.

Nährwerte pro Portion
226 kcal • 3 g E • 0 g F • 49 g KH • 1,3 mg Fe • 0,2 mg Cu

Auf Orangenscheiben

Quark-Zimt-Creme

Für 2 Personen • braucht etwas mehr Zeit
25 Min. + 45 Min. Kühlzeit

2 Blatt weiße Gelatine • 4 EL Magerquark • 2 EL fettarmer Joghurt • einige Tropfen Süßstoff • ½ TL Orangenaroma • ½ TL Zimt • 2 Prisen Kardamom, gemahlen • 2 mittelgroße Orangen

- Die Gelatine in kaltem Wasser einweichen. Quark, Joghurt, Süßstoff, Orangenaroma, Zimt und Kardamom mit einem Schneebesen verrühren. Die ausgedrückte Gelatine in einem Topf auflösen, mit 1 TL der Quarkmasse verrühren, dann unter die restliche Quarkmasse geben und in eine kleine Schale füllen. 45 Min. kalt stellen.

- Die Orangen schälen, in Scheiben schneiden, auf 2 Tellern anrichten. Nocken aus der Creme abstechen und diese auf die Orangen setzen.

Leberzirrhosepatienten verwenden Sahnequark und steif geschlagene Schlagsahne. Anstelle des Süßstoffs verwenden Sie 1 EL Zucker zum Süßen (307 kcal, 9 g E).

Nährwerte pro Portion
133 kcal • 12 g E • 1 g F • 17 g KH • 0,9 mg Fe • 0,1 mg Cu

Besser als gekaufte

Vanillesoße

Für 2 Personen • gut vorzubereiten
15 Min.

200 ml fettarme Milch • 1 Vanilleschote • 1 TL Speisestärke • flüssiger Süßstoff nach Geschmack

- Die Milch in einen mit kaltem Wasser ausgespülten kleinen Topf geben. Die Vanilleschote mit einem scharfen Messer der Länge nach aufschneiden und das Mark herauskratzen. Die Schote und das Mark zu der Milch geben und die Vanillemilch zum Kochen bringen.

- Die Speisestärke mit etwas kaltem Wasser glatt rühren und mit dem Süßstoff vermischen. Sobald die Milch kocht, die angerührte Stärke hineingeben und kurz aufkochen lassen. Die Soße abkühlen lassen und die Schote herausnehmen.

Leberzirrhosepatienten verwenden anstelle der Milch ein Wasser-Sahne-Gemisch (Verhältnis 1 : 1) und anstelle von Süßstoff 1 EL Zucker (202 kcal, 1 g E).

Nährwerte pro Portion
66 kcal • 3 g E • 2 g F • 9 g KH • 0,1 mg Fe • 0 mg Cu

Perfekte Kombination

Vanillebirne

Für 2 Personen • geht schnell
⏲ 20 Min.

1 Vanilleschote • flüssiger Süßstoff •
2 mittelgroße Birnen • 1 TL Zitronensaft

- Die Vanilleschote der Länge nach aufschneiden und das Mark herauskratzen. 6 EL Wasser in einen kleinen Topf geben und das Vanillemark und die Schote dazugeben. Die Flüssigkeit aufkochen lassen und mit etwas flüssigem Süßstoff abschmecken.

- Die Birnen abspülen und in schmale Spalten schneiden. Mit Zitronensaft beträufeln. Die Birnenspalten in den Topf geben und etwa 2 Min. köcheln lassen.

- Die Birnenspalten in zwei kleine Dessertschälchen geben und mit etwas Sud übergießen.

Das passt dazu frischer Beerenquark (Seite 108)

Leberzirrhosepatienten ersetzen den Süßstoff durch 2 TL Zucker (115 kcal, 1 g E).

Gallensteinpatienten testen vorsichtig die Verträglichkeit.

Nährwerte pro Portion
74 kcal • 1 g E • 0 g F • 17 g KH •
0,4 mg Fe • 0,1 mg Cu

Pur und gut

Beerenobstsalat

Für 2 Personen • geht schnell
15 Min.

1 Handvoll Johannisbeeren • 1 Handvoll Kirschen • 1 Handvoll Brombeeren • 1 Handvoll Erdbeeren • 1 Vanilleschote • flüssiger Süßstoff

- Die Beeren abspülen, die Johannisbeeren von den Stielen zupfen, Brombeeren verlesen und abspülen. Die Kirschen entsteinen, Erdbeeren putzen und abspülen.

- Beeren in eine kleine Schüssel geben. Die Vanilleschote aufschneiden und das Mark herauskratzen. Vanillemark zur Beerenmischung geben und mit dem Süßstoff abschmecken. Alles gut vermengen.

Nährwerte pro Portion
92 kcal • 2 g E • 1 g F • 16 g KH • 1,6 mg Fe • 0,2 mg Cu

Beerenmix in Nullkommanix

Beerenquark

Für 2 Personen • gelingt leicht
10 Min.

200 g Magerquark • 120 ml fettarme Milch • 2 TL Rapsöl • 2 TL Zucker • 100 g Erdbeeren • 100 g Himbeeren • etwas Zitronensaft

- Den Quark, die Milch, das Öl und den Zucker mit einem Schneebesen cremig rühren.

- Die Beeren verlesen und abspülen, große Erdbeeren halbieren oder vierteln. Die Früchte vorsichtig unter den Quark heben und mit etwas Zitronensaft abschmecken.

Leberzirrhosepatienten verwenden anstelle von Magerquark und fettarmer Milch Sahnequark und Sahne (413 kcal, 12 g E).

Gallensteinpatienten streichen das Öl von der Zutatenliste (158 kcal, 17 g E).

Nährwerte pro Portion
194 kcal • 17 g E • 6 g F • 17 g KH • 1,4 mg Fe • 0,2 mg Cu

Schönes Sommerdessert

Pfirsichtraum

Für 2 Personen • braucht etwas mehr Zeit
25 Min. + 3 Std. Kühlzeit

2 Blatt weiße Gelatine • 4 EL Schichtkäse (zimmerwarm) • 6 EL fettarme Milch • 2 EL Zitronensaft • flüssiger Süßstoff • 2 mittelgroße Pfirsiche

- Gelatine in kaltem Wasser einweichen. Schichtkäse mit 4 EL Milch und Zitronensaft verrühren und mit Süßstoff abschmecken. Restliche Milch erwärmen, ausgedrückte Gelatine darin auflösen, zur Creme geben und verrühren.

- Die Creme in eine Form füllen und im Kühlschrank fest werden lassen. Die Pfirsiche in schmale Spalten schneiden und auf dem Dessert verteilen.

Leberzirrhosepatienten ersetzen den Schichtkäse durch Sahnequark, die fettarme Milch durch Vollmilch und den Süßstoff durch 1 EL Zucker (244 kcal, 9 g E).

Gallensteinpatienten versuchen es mit Ananas, Beeren oder Banane.

Nährwerte pro Portion
136 kcal • 12 g E • 1 g F • 19 g KH • 0,8 mg Fe • 0,1 mg Cu

Tolles Sommerdessert

Gegrilltes Obst

Für 2 Personen • gelingt leicht
⏲ 15 Min. + 5 Min. Grillzeit

1 EL Butter • 2 EL Honig • 1 Prise Lebkuchengewürz • ½ kleine Ananas • 1 Banane • 2 EL fettarmer Joghurt • Vanillearoma

- Die Butter und den Honig in einem kleinen Topf erhitzen und das Lebkuchengewürz dazugeben. Den Grill vorheizen.

- Die Ananas schälen, den Strunk entfernen und das Fruchtfleisch in Stücke schneiden. Die Banane schälen und längs halbieren. Die Früchte auf ein Backblech legen und mit der Honigmasse bestreichen.

- Im Backofen etwa 3 – 5 Min. goldbraun grillen und mit der Honigmischung einpinseln. Den Joghurt mit dem Vanillearoma vermischen und zu dem gegrillten Obst servieren.

Leberzirrhosepatienten verdoppeln den Butteranteil und verwenden anstelle des Joghurts geschlagene Sahne (352 kcal, 2 g E).

Nährwerte pro Portion
266 kcal • 2 g E • 7 g F • 46 g KH • 1,2 mg Fe • 0,2 mg Cu

Eis am Stiel

Mangoeis

Für 4 – 6 Stück • gelingt leicht
10 Min. + 3 Std. Gefrierzeit

2 große Mangos • 60 ml Orangensaft • 4 – 6 Eisformen für Eis am Stiel

- Die Mangos schälen und das Fruchtfleisch zu einer glatten Creme pürieren. Den Orangensaft dazugeben und gut unterrühren.

- In die Eisformen einfüllen und für 30 Min. in den Gefrierschrank stellen. Danach die Stiele hineinstecken und noch einmal für 2½ – 3 Std. einfrieren, bis das Eis fest ist.

Tipp Das Eis ist 3 Wochen haltbar, schmeckt aber am Tag der Herstellung am besten. Leckeres Eis lässt sich auch aus reifen Pfirsichen, Ananas, Wassermelone, Erdbeeren oder Bananen zubereiten.
Wer die grobe Konsistenz nicht mag, streicht das Fruchtmus vor dem Abfüllen durch ein Sieb. Dadurch gehen allerdings die meisten der günstigen Ballaststoffe verloren.

Nährwerte pro Portion
85 kcal • 1 g E • 1 g F • 18 g KH • 0,6 mg Fe • 0,2 mg Cu

Mit Schokoküssen

Schokoladeneis

Für 2 Personen • gelingt leicht
10 Min. + 2 Std. Gefrierzeit

4 Schokoküsse • 125 ml Sahne • 1 EL Kakaopulver

- Von den Schokoküssen den Waffelboden entfernen und die Schaummasse mit einer Gabel zerdrücken. Die Sahne mit den Quirlen des Handrührgerätes steif schlagen und das Kakaopulver untermengen. Die Schokosahne unter die zerdrückten Schokoküsse heben und in einer flachen Form verteilen.

- Die Form für 2 Std. in den Gefrierschrank stellen, die Masse dabei 2–3-mal mit einem Löffel verrühren.

Nährwerte pro Portion
424 kcal • 4 g E • 28 g F • 38 g KH • 0,2 mg Fe • 0 mg Cu

Tolles Sommerdessert

Beereneis

Für 4 – 6 Personen • gelingt leicht
10 Min. + 3 Std. Gefrierzeit

300 g gemischte Beerenfrüchte • 1 Vanilleschote • 2 EL Puderzucker • 4 – 6 Eisformen für Eis am Stiel

- Die Beeren abspülen, verlesen und mit einem Pürierstab zu einer glatten Masse pürieren. Die Vanilleschote mit einem scharfen Messer der Länge nach aufschneiden und das Mark herauskratzen.

- Die Fruchtmasse mit dem Vanillemark und dem Puderzucker abschmecken und in die Eisformen einfüllen. Die Formen für 30 Min. in den Gefrierschrank stellen, danach erst die Stiele hineinstecken. Das Eis nun noch einmal für 2½–3 Std. gefrieren lassen.

Tipp Das Eis ist 3 Wochen haltbar, schmeckt aber am Tag der Herstellung am besten.

Nährwerte pro Portion
59 kcal • 1 g E • 0 g F • 13 g KH • 0,5 mg Fe • 0,1 mg Cu

» Schokoladeneis

Mit frischen Kirschen

Kirschauflauf

Für 2 Personen • braucht etwas mehr Zeit
⏲ 20 Min. + 25 Min. Garzeit

1 TL Butter • 300 g Süßkirschen • 2 kleine Eier • 2 EL Zucker • 200 ml fettarme Milch • 4 EL Mehl • 2 Msp. Backpulver • 2 TL Puderzucker

- Eine kleine Auflaufform (Ø 18 cm) mit Butter einfetten und den Backofen auf 180 Grad (Umluft 160 Grad) vorheizen. Die Kirschen abspülen, evtl. entkernen, entstielen und auf dem Boden der Form verteilen.

- Die Eier trennen. Den Zucker mit dem Eigelb zu einer Schaummasse verrühren. Das Eiklar zu steifem Schnee schlagen.

- Die Milch, das Mehl und das Backpulver unter die Schaummasse rühren und den Eischnee vorsichtig unterheben. Die Masse über die Früchte verteilen und im Backofen auf der mittleren Schiene 20 – 25 Min. backen.

- Der Auflauf ist fertig, wenn die Oberseite hell- bis goldbraun ist. Den Kirschauflauf mit Puderzucker bestäuben und gleich servieren.

Leberzirrhosepatienten streichen die Milch von der Zutatenliste und verwenden stattdessen ein Gemisch aus 140 ml Schlagsahne und 100 ml Sprudelwasser. Die Verwendung einer solchen Mischung spart Eiweiß und liefert gleichzeitig viel Energie (506 kcal, 9 g E).

Nährwerte pro Portion
441 kcal • 14 g E • 9 g F • 73 g KH • 2,2 mg Fe • 0,3 mg Cu

Für Mehlspeisenliebhaber

Marillenknödel

Für 12 Knödel • gut vorzubereiten
⏲ 20 Min. + 15 Min. Garzeit

500 g Magerquark • 100 g Weizengrieß • 1 Ei • 4 TL Butter • 50 g Mehl • etwas Zitronenabrieb • etwas Zitronensaft • flüssiger Süßstoff • Salz • 900 g Aprikosen • 2 TL Paniermehl

- Magerquark, Grieß, Ei, Butter, Mehl, Zitronenabrieb und -saft, Süßstoff und Salz rasch zu einem Teig verkneten. Die Aprikosen abspülen und entkernen. Den Teig ausrollen und in 12 Stücke teilen. Die Aprikosen mit dem Teig umschließen und zu runden Knödeln formen.

- Die Knödel in leicht kochendem Salzwasser 5 – 10 Min. ziehen lassen. Sobald sie an der Oberfläche schwimmen, mit einem Schaumlöffel herausnehmen.

- Das Paniermehl bei niedriger Hitze in einer beschichteten Pfanne ohne Fett anrösten und die Knödel in den Bröseln wenden.

Leberzirrhosepatienten tauschen den Magerquark gegen Sahnequark aus (168 kcal, 6 g E).

Nährwerte pro Portion
141 kcal • 8 g E • 4 g F • 18 g KH • 0,9 mg Fe • 0,1 mg Cu

» Marillenknödel

Mit knusprigen Streuseln

Beeren-Crumble

Für 8 Personen • gelingt leicht
10 Min. + ca. 40 Min. Backzeit

700 g gemischte Beeren (z. B. Erdbeeren, Himbeeren, Brombeeren, Heidelbeeren) • 70 g Butter • 1 TL Zimt • ½ TL Salz • 120 g Mehl • 120 g Zucker

- Beeren vorsichtig waschen, entkelchen, große Erdbeeren vierteln. Eine feuerfeste Auflaufform mit einem TL Butter einfetten und die Beeren einfüllen.

- Zimt und Salz gut mischen und über die Beeren streuen. Den Backofen auf 180 Grad (Umluft 160 Grad) vorheizen.

- Das Mehl mit dem restlichen Fett, dem Mehl und dem Zucker zu trockenen Streuseln verkneten und über die Beeren streuen. Im Backofen in etwa 30–40 Min. goldgelb backen.

Nährwerte pro Portion
209 kcal • 2 g E • 8 g F • 31 g KH • 1,1 mg Fe • 0,1 mg Cu

Mit Kürbiskernen

Pancakes

Für 2 Personen • gelingt leicht
35 Min. + 10 Min. Garzeit

50 g Weizenvollkornmehl • ½ l fettarme Milch • 2 Eier • 1 EL Kürbiskerne, gemahlen • Salz • 1 EL Butter • 1 EL Rapsöl • 2 EL Ahornsirup • Zimt

- Aus Mehl, Milch, Eiern, Kürbiskernen und Salz einen Pfannkuchenteig herstellen und etwa 30 Min. quellen lassen.

- Die Butter und das Öl zusammen erhitzen und darin nacheinander vier Pancakes backen. Mit Ahornsirup beträufeln und mit etwas Zimt bestreut servieren.

Leberzirrhosepatienten tauschen die Milch gegen eine Schlagsahne-Wasser-Mischung (300 ml Sahne und 200 ml Wasser) aus. Die Eier sollten klein sein (298 kcal, 6 g E).

Nährwerte pro Stück
236 kcal • 9 g E • 14 g F • 19 g KH • 1,9 mg Fe • 0,2 mg Cu

Wer kann da widerstehen?

Heidelbeerpfannkuchen

Für 2 Personen • gelingt leicht
10 Min. + 20 Min. Garzeit

150 g Heidelbeeren • 2 Eier • 50 g Weizenmehl Type 550 • 50 g Dinkelmehl • 150 ml Milch, 1,5 % Fett • Salz • 1 EL Rapsöl • 1 EL Zucker

- Heidelbeeren verlesen, vorsichtig waschen und gut abtropfen lassen. Eier trennen, Mehl mit Milch und Eigelb glatt rühren und etwas Salz hinzufügen. Eiklar steif schlagen und vorsichtig unterheben.

- Die Hälfte des Öls in einer beschichteten Pfanne erhitzen, die Hälfte des Teigs hineingeben und bei mittlerer Hitze backen. Die Hälfte der Heidelbeeren und des Zuckers auf dem Pfannkuchen verteilen, einen Deckel auflegen und kurz weiterbacken, einmal wenden und fertig backen.

- Aus den restlichen Zutaten einen weiteren Pfannkuchen backen.

Nährwerte pro Portion
424 kcal • 16 g E • 17 g F • 50 g KH • 3,1 mg Fe • 0,4 mg Cu

» Heidelbeerpfannkuchen

Backen

Schokofans aufgepasst

Brownies

Für ca. 12 Stücke • gelingt leicht
⏲ 15 Min. + ca. 25 Min. Garzeit

150 g Schokolade, Kakaoanteil 70 % • 3 Eier • 100 g brauner Zucker • Salz • 120 ml Sonnenblumenöl • 80 g Weizenmehl Type 550 • 1 TL Backpulver • 100 g gehackte Walnüsse

- Schokolade grob hacken und in einem Wasserbad schmelzen lassen. Wenn die Schokolade flüssig ist, die Schüssel aus dem Wasserbad nehmen und die Schokolade etwas abkühlen lassen.

- Eier, Zucker, Salz mit den Quirlen des Handrührgerätes ca. 5 Min. cremig aufschlagen. Den Backofen auf 180 Grad (Ober- und Unterhitze) vorheizen.

- Das Öl und die geschmolzene, noch flüssige Schokolade nach und nach unterrühren. Das Mehl und das Backpulver mischen und mit den gehackten Nüssen vorsichtig untermischen.

- Eine Springform (Ø 26 cm) mit Backpapier auslegen und den Teig hineinfüllen. Im heißen Backofen ca. 25 Min. backen.

Tipp Achten Sie darauf, dass die Schokolade vor dem Zugeben in die Eimasse nicht mehr heiß ist, sonst werden die Brownies hart.

Nährwerte pro Portion
284 kcal • 5 g E • 21 g F • 19 g KH • 1,2 mg Fe • 0,2 mg Cu

Sind im Nu fertig

Aprikosenmuffins

Für 12 Stück • preisgünstig
⏲ 20 Min. + 20 Min. Backzeit

200 g Weizen- oder Dinkelvollkornmehl • 1 TL Backpulver • 1 Msp. Salz • 5 getrocknete Aprikosen • 2 EL Zucker • 4 EL Rapsöl

- Das Mehl mit dem Backpulver und dem Salz in einer Schüssel mischen. Die Aprikosen klein schneiden und dazugeben.

- Danach den Zucker, das Öl und 6–7 EL Wasser hinzufügen. Alles gut miteinander vermischen, sodass ein geschmeidiger Teig entsteht.

- Den Backofen auf 175 Grad (Umluft 160 Grad) vorheizen. Eine Muffinform einfetten und den Teig einfüllen.

- Im Backofen auf der mittleren Schiene etwa 20 Min. backen. Die fertigen Muffins etwa 3 Min. in der Form ruhen lassen, dann herauslösen und auf einem Rost auskühlen lassen.

Gallensteinpatienten sollten die Verträglichkeit vorsichtig austesten.

Variante Anstelle von getrockneten Aprikosen eignen sich selbstverständlich auch frische Früchte. Bei Verwendung von frischem Obst nehmen Sie einfach 100 g.

Nährwerte pro Portion
98 kcal • 2 g E • 4 g F • 15 g KH • 0,4 mg Fe • 0,1 mg Cu

Singt mit dem Herzen.
TREAT

Mögen nicht nur Kinder

Schokomuffins

Für 12 Stück • geht schnell
10 Min. + 30 Min. Backzeit

80 g Zartbitter-Kuvertüre • 20 g Kokosfett • 120 g Mehl Type 550 • 60 g gemahlene Mandeln • ½ Pck. Backpulver • 100 g Butter • 100 g Zucker • 1 Ei • 4 EL Schokolade, grob gehackt

- Muffinblech mit 12 Papierförmchen auslegen. Den Backofen auf 175 Grad (Ober-/Unterhitze) vorheizen.
- Kuvertüre mit Kokosfett im Wasserbad schmelzen. Mehl, Mandeln und Backpulver vermengen. Butter, Zucker und Ei cremig rühren, die geschmolzene Kuvertüre und das Mehlgemisch unterrühren. Zuletzt die gehackte Schokolade untermengen.
- Den Teig in die Förmchen füllen und die Schokomuffins im heißen Backofen ca. 30 Min. backen.

Nährwerte pro Portion
223 kcal • 3 g E • 15 g F • 20 g KH • 0,8 mg Fe • 0,2 mg Cu

« Hefeschnecken

Mit Zitronen-Rum-Aroma

Haferflocken-waffeln

Für 5 Stück • gelingt leicht
30 Min. + 20 Min. Backzeit

1 EL weiche Butter • 1 EL Zucker • Vanillepulver • 1 Ei • 60 g Weizenmehl Type 1050 • ½ TL Backpulver • 50 g Instant-Haferflocken • 125 ml fettarme Milch • etwas Zitronenabrieb • etwas Rum-Aroma • flüssiger Süßstoff • ½ TL Rapsöl

- Die Butter mit dem Zucker und dem Vanillepulver schaumig rühren. Das Ei dazugeben.
- Das Mehl mit dem Backpulver und den Haferflocken vermischen und zu der Buttermasse geben. Milch, Zitronenabrieb und Rum-Aroma dazugeben und mit Süßstoff abschmecken.
- Den Teig 15 Min. quellen lassen. Das Waffeleisen vorheizen und mit wenig Öl einpinseln. Eine halbe Kelle Waffelteig gleichmäßig auf dem Waffeleisen verteilen und jede Waffel etwa 4 Min. backen.

Nährwerte pro Waffel
130 kcal • 4 g E • 6 g F • 14 g KH • 0,9 mg Fe • 0,1 mg Cu

Leicht und fruchtig

Hefeschnecken

Für 12 Stück • gelingt leicht
55 Min. + 20 Min. Backzeit

125 g Mehl • 125 g Dinkelvollkornmehl • ½ Würfel Hefe • ⅛ l fettarme Milch • 30 g Zucker • 2 EL Butter • 1 Ei • 2 EL Sauerkirschkonfitüre

- Beide Mehlsorten in eine Schüssel geben und in die Mitte eine Vertiefung drücken. Die Hefe hineinbröckeln und mit etwas lauwarmer Milch und 1 TL Zucker verrühren. Zugedeckt an einem warmen Ort 20 Min. gehen lassen.
- Butter, Ei und restliche Milch dazugeben und mit den Knethaken des Handrührgeräts gut durchkneten. 15 Min. gehen lassen. Den Backofen auf 200 Grad (Umluft 180 Grad) vorheizen. Den Teig ½ cm dick ausrollen. Mit Konfitüre bestreichen, aufrollen und in 1 cm dicke Scheiben schneiden. Nebeneinander auf ein mit Backpapier ausgelegtes Backblech legen und auf der mittleren Schiene 15–20 Min. backen.

Gallensteinpatienten verwenden Erdbeerkonfitüre.

Nährwerte pro Portion
122 kcal • 4 g E • 3 g F • 19 g KH • 1,0 mg Fe • 0,2 mg Cu

Knuspriger Keksteig

Beerentörtchen

Für 6 Stück • gut vorzubereiten

40 Min. + 30 Min. Kühlzeit + ca. 12 Min. Backzeit

65 g Mehl • 65 g Dinkelvollkornmehl • Salz • 4 EL weiche Butter • 1 Eigelb • 1 EL Puderzucker • je 2 EL Himbeeren, Heidelbeeren, Erdbeeren • 2 EL Magerquark • 2 EL fettarmer Joghurt • 1 Msp. Vanillemark • 2 TL Vanillezucker

- Mehle mit 1 Prise Salz mischen. Butter, Eigelb und Puderzucker zugeben, mit den Fingerspitzen vermengen und nach und nach das Mehl unterkneten, zu einer Kugel formen und in Frischhaltefolie gewickelt 30 Min. im Kühlschrank ruhen lassen. Früchte waschen, putzen und bis auf 6 Früchte für die Garnitur pürieren.

- Quark, Joghurt und etwas Sprudelwasser zu einer cremigen Masse verrühren. Vanillemark, Vanillezucker und pürierte Früchte untermischen. Backofen auf 180 Grad (Umluft 160 Grad) vorheizen. 6 Tortenförmchen (⌀ 7 cm) leicht einfetten. Teig zwischen zwei Bögen Backpapier 3 mm dünn ausrollen. 6 Kreise (⌀ 8 cm) ausstechen. Leicht in die Formen drücken und den überstehenden Teig entfernen.

- Teig mit einer Gabel einstechen und Törtchen im Backofen so lange backen (10 – 12 Min.), bis die Ränder goldbraun sind. Auskühlen lassen und auf einen Backrost stürzen. Törtchen mit Quarkcreme füllen und mit Beeren verzieren.

Leberzirrhosepatienten verwenden 2 EL Schlagsahne und 1 EL Sahnejoghurt für die Creme (231 kcal, 4 g E).

Nährwerte pro Portion

207 kcal • 22 g E • 11 g F • 23 g KH • 1,1 mg Fe • 0,1 mg Cu

Schöner Klassiker

Windbeutel

Für 15 Stück • gut vorzubereiten

25 Min. + 35 Min. Backzeit

150 g Mehl • 3 EL Speisestärke • 3 EL Butter • 4 Eier • 1 gestrichener TL Backpulver • 350 g Schattenmorellen (Glas) • 2 EL Vanillepuddingpulver • einige Tropfen Süßstoff

- Mehl und Stärke bis auf 1 EL in eine Schüssel geben. 250 ml Wasser und Butter zum Kochen bringen. Topf vom Herd nehmen und die Mehlmischung unter ständigem Rühren zugeben. Masse zu einem glatten Kloß vermengen. Für 1 Min. zurück auf die Platte stellen. Teig in eine Rührschüssel geben und ein Ei nach dem anderen unterrühren. Restliches Mehl und Backpulver mischen und unterkneten. Backofen auf 200 Grad (Umluft 180 Grad) vorheizen.

- Mit dem Spritzbeutel 15 Portionen auf ein mit Backpapier ausgelegtes Blech setzen. 30 Min. im Backofen backen. (Die Ofentür muss die ersten 15 Min. geschlossen bleiben.) Kirschsaft auffangen, auf ½ l auffüllen und aufkochen. Puddingpulver mit etwas Saft glatt rühren und in den kochenden Saft rühren. Nach 1 Min. die Kirschen dazugeben. Mit etwas Süßstoff süßen und abkühlen lassen. Die Windbeutel auf einem Rost abkühlen lassen. Das obere Drittel der Windbeutel mit einer Schere abschneiden und mit der ausgekühlten Kirschmasse füllen.

Leberzirrhosepatienten verwenden statt Süßstoff 1 gehäuften EL Zucker. Zusätzlich können Sie noch 1 EL Sahne in jeden Windbeutel füllen (305 kcal, 4 g E). Gallensteinpatienten verwenden Mandarinen.

Nährwerte pro Stück

126 kcal • 4 g E • 5 g F • 17 g KH • 0,7 mg Fe • 0,1 mg Cu

» Windbeutel

Schön saftig

Käsekuchen

Für ca. 12 Stücke • gelingt leicht
20 Min. + 30 Min. Kühlzeit

Für den Teig: 200 g Weizenmehl, Typ 550 • 100 g Butter • 75 g Zucker • 1 Ei
Für die Quarkmasse: 100 g Butter • 100 g Zucker • 1 Pck. Vanillezucker • ½ Bio-Zitrone • 1 kg Magerquark • 4 Eier • 200 g Sahne • 40 g Vanillepuddingpulver • 1 Prise Salz

- Den Backofen auf 160 Grad (Umluft 145 Grad) vorheizen. Teigzutaten verkneten und, zu einer Kugel geformt, in Folie gewickelt 30 Min. kalt stellen. Den Boden einer Springform (26 cm Ø) mit Backpapier belegen. Teig zwischen Klarsichtfolie auswellen (ca. 30 cm Ø). Die Form damit auslegen und den Teigrand etwas hochdrücken.

- Butter schmelzen. Zucker und Vanillezucker zugeben und cremig aufschlagen. Zitrone heiß abwaschen und die Schale abreiben. Zitronenabrieb und Quark zugeben und unterrühren. Eier trennen, Eigelbe unterrühren. Sahne und Puddingpulver untermischen. Eiweiß mit Salz steif schlagen und unterheben.

- Quarkmasse auf den Teig geben und glatt streichen. Im Ofen 30 Min. backen, die Form aus dem Ofen nehmen und mit einem kleinen Messer den Kuchen zwischen Teig und Quarkmasse rundherum einschneiden (so reißt die Oberfläche nicht). Kuchen weitere 35–45 Min. backen. (Falls der Kuchen zu dunkel wird, mit Alufolie abdecken.) Kuchen in der Form auskühlen lassen.

Nährwerte
pro Portion: 400 kcal • 17 g E • 22 g F • 33 g KH • 1,2 mg Fe • 0,1 mg Cu

Schöner Herbstkuchen

Kürbiskuchen

Für 16 Stücke • gelingt leicht
25 Min. + 1 Std. Backzeit

450 g Kürbis (z. B. Hokkaido) • 4 Eier • 3 EL Zucker • 1 EL Orangenabrieb • 100 ml Orangensaft (100 % Frucht) • 100 g Haselnüsse, gemahlen • 100 g Kürbiskerne, gemahlen • 100 g Weizenvollkornmehl • 1 TL Backpulver • ½ TL Zimt • flüssiger Süßstoff nach Geschmack

- Den Kürbis schälen, das weiche Innere und die Kerne herauskratzen und fein raspeln. Die Eier trennen und das Eiweiß zu steifem Schnee schlagen. Das Eigelb mit Zucker, Orangenabrieb und Orangensaft schaumig schlagen.

- Den Backofen auf 160 Grad (Umluft 145 Grad) vorheizen. Den geriebenen Kürbis untermischen und die gemahlenen Nüsse, die gemahlenen Kürbiskerne, das Mehl, das Backpulver und den Zimt dazugeben.

- Den Teig nach Geschmack vorsichtig mit flüssigem Süßstoff abschmecken und den Eischnee vorsichtig unterheben.

- In eine Kastenform ein wenig Wasser geben und diese mit Backpapier auslegen. Den Teig in die Form füllen und etwa 1 Std. auf der mittleren Schiene im Backofen backen.

Nährwerte pro Portion
136 kcal • 5 g E • 9 g F • 10 g KH • 1,7 mg Fe • 0,2 mg Cu

» Käsekuchen

Passt immer

Apfelkuchen

Für 16 Stücke • gelingt leicht
20 Min. + 40 Min. Backzeit

150 g Butter • 75 g Zucker • 1 Pck. Vanillezucker • 1 Prise Salz • 1 Ei • 1 EL Sahne • etwas Zitronenabrieb • 200 g Mehl • 1 TL Backpulver • 750 g Äpfel • 2 EL Aprikosenkonfitüre

- Butter, Zucker, Vanillezucker und Salz schaumig schlagen. Ei, 1 EL Wasser, Sahne und den Zitronenabrieb unterrühren. Mehl und Backpulver mischen und ebenfalls unterrühren. Eine Springform einfetten und den Teig einfüllen. Den Backofen auf 175 Grad (Umluft 160 Grad) vorheizen.

- Die Äpfel schälen, halbieren, entkernen und auf der gewölbten Seite mehrmals längs einschneiden. Mit der angeritzten Seite nach oben auf den Teig setzen und den Kuchen etwa 40 Min. backen. Den Kuchen sofort nach dem Backen mit erhitzter Aprikosenkonfitüre bestreichen und auskühlen lassen.

Nährwerte pro Portion
167 kcal • 2 g E • 9 g F • 21 g KH • 0,5 mg Fe • 0,1 mg Cu

« Apfelkuchen

Ruckzuck fertig

Pfirsichkuchen

Für 16 Stücke • gelingt leicht
20 Min. + 45 Min. Backzeit

1 große Dose Pfirsiche • 125 g Butter • 100 g Zucker • 1 Pck. Vanillezucker • 1 TL Zitronenabrieb • 3 Eier • 200 g Mehl • 2 TL Backpulver

- Die Pfirsiche abtropfen lassen. Die Butter mit dem Zucker, dem Vanillezucker und dem Zitronenabrieb schaumig schlagen. Nach und nach die Eier zugeben.

- Das Mehl mit dem Backpulver mischen und löffelweise unterrühren. Sollte der Teig zu fest sein, etwas Wasser einarbeiten.

- Den Backofen auf 175 Grad (Umluft 160 Grad) vorheizen. Den Teig in eine mit etwas Wasser ausgeschwenkte und mit Backpapier ausgelegte Springform füllen. Die Pfirsiche auf der Oberseite mehrmals einschneiden und mit der Unterseite auf den Teig legen. Den Kuchen auf der mittleren Schiene etwa 45 Min. backen.

Nährwerte pro Portion
167 kcal • 3 g E • 8 g F • 21 g KH • 0 mg Fe • 0 mg Cu

Rhabarberfans aufgepasst

Rhabarberkuchen

Für 16 Stücke • preisgünstig
20 Min. + 1 Std. Backzeit

3 Eier • 100 g weiche Butter • 120 g Zucker • 1 Pck. Vanillezucker • 150 g Mehl • 2½ EL Weizenstärke • 1½ TL Backpulver • 375 g Rhabarber • 1 EL Mandelblättchen

- Die Eier trennen. Butter, 100 g Zucker, Vanillezucker und Eigelbe sehr schaumig rühren. Das Mehl mit der Stärke und dem Backpulver mischen und unterrühren. Den Backofen auf 150 Grad (Umluft 135 Grad) vorheizen. Eine Springform (Ø 28 cm) mit Backpapier auslegen und den Teig in die Form füllen.

- Den Rhabarber putzen, entfädeln, wenn nötig und in mundgerechte Stücke schneiden. Auf den Teig geben und im Backofen etwa 40 Min. backen. Eiweiß mit 2 TL Zucker steif schlagen. Mandeln unterheben, auf dem Kuchen verteilen und weitere 20 Min. backen.

Gallensteinpatienten testen vorsichtig aus, ob sie den Kuchen vertragen.

Nährwerte pro Portion
149 kcal • 3 g E • 7 g F • 19 g KH,6 mg Fe • 0,1 mg Cu

Leichter Hefekuchen

Früchtegugelhupf

Für 8 Stücke • braucht etwas mehr Zeit
25 Min. + 1 Std. Gehzeit + ca. 40 Min. Backzeit

5 getrocknete Aprikosen • 2 EL Rosinen • ½ Würfel frische Hefe • 60 g Zucker • 60 ml lauwarme, fettarme Milch • 125 g Butter • 250 g Mehl • 1 Prise Salz • 1 TL Zitronenabrieb • 2 kleine Eier • Puderzucker zum Bestäuben

- Aprikosen würfeln. Rosinen unter heißem Wasser abspülen. Hefe zerbröckeln, mit 1 TL Zucker in der Milch auflösen und an einem warmen Ort 10 Min. gehen lassen.

- Butter schmelzen und mit Mehl, restlichem Zucker, Salz, Zitronenabrieb und Eiern verrühren. Danach Hefemilch zugeben und alle Zutaten mit den Knethaken des Handrührgeräts zu einem glatten Teig verkneten.

- Trockenfrüchte unter den Teig kneten. Den Hefeteig an einem warmen Ort zur doppelten Größe aufgehen lassen. Den Backofen auf 175 Grad (Umluft 160 Grad) vorheizen. Eine kleine Gugelhupfform (Ø 18 cm) fetten, den Teig einfüllen und weitere 30 Min. gehen lassen.

- Den Kuchen auf der mittleren Schiene etwa 30–40 Min. backen. Anschließend aus der Form stürzen und abkühlen lassen. Vor dem Servieren mit Puderzucker bestäuben.

Tipp Wenn Sie Trockenhefe verwenden möchten, vermischen Sie 1 Päckchen Trockenhefe mit den übrigen Teigzutaten. Den Vorteig können Sie sich so sparen.

Nährwerte pro Portion
315 kcal • 7 g E • 15 g F • 38 g KH • 2,0 mg Fe • 0,4 mg Cu

« Zitronenrolle

Der Aufwand lohnt sich

Zitronenrolle

Für 12 Stücke • gut vorzubereiten
50 Min. + 20 Min. Backzeit

6 Eier • 90 g Zucker • Mark von ½ Vanilleschote • 50 g Mehl Type 550 • 75 g Dinkelvollkornmehl • 30 g Speisestärke • ½ TL Backpulver • 4 Blatt Gelatine • ½ Bio-Zitrone • 250 g Magerquark • 150 g Zitronenjoghurt • 30 g Zucker • Puderzucker zum Bestäuben

- Eier mit 3 EL warmem Wasser, Zucker und Vanillemark in 6 Min. schaumig rühren. Mehle, Stärke und Backpulver mischen, darübersieben und vorsichtig unterheben. Den Backofen auf 190 Grad (Umluft 170 Grad) vorheizen. Ein Backblech mit Backpapier auslegen, Biskuitteig darauf verteilen, glatt streichen und auf der mittleren Schiene etwa 20 Min. backen.

- Den Teig sofort nach dem Backen auf ein Küchentuch stürzen und das Backpapier vorsichtig abziehen. Das Biskuit aufrollen und abkühlen lassen. Gelatine in kaltem Wasser einweichen. Zitrone heiß abwaschen, Schale abreiben, Zitronenhälfte auspressen. Quark, Joghurt und Zucker mit einem Schneebesen glatt rühren. Zitronensaft und -abrieb untermischen. Gelatine auflösen, mit etwas Quark vermengen und unter die restliche Creme rühren. Kühl stellen. Biskuitrolle aufrollen, mit Quarkcreme bestreichen, wieder zusammenrollen und mit Puderzucker bestäuben.

Leberzirrhosepatienten verwenden eine Sahnefüllung – 2 Becher Sahne steif schlagen, Fruchtmus und Zucker unterheben. Die Gelatine wird nicht benötigt (238 kcal, 5 g E).

Nährwerte pro Portion
165 kcal • 8 g E • 3 g F • 27 g KH • 1,0 mg Fe • 0,1 mg Cu

Wunderbar fluffig

Hefezopf

Für 12 Scheiben • braucht etwas mehr Zeit

25 Min. + 50 Min. Gehzeit + 45 Min. Backzeit

200 g Mehl Type 405 • 3 gehäufte EL Weizenvollkornmehl • 1 TL Trockenhefe • 120 – 150 ml fettarme Milch • 3 gehäufte EL Butter • 1 Ei • 1 Eigelb • 1 EL flüssiger Süßstoff • 1 Prise Salz

- Beide Mehlsorten mit der Trockenhefe vermischen. 125 ml Milch erwärmen und die Butter darin schmelzen lassen. Ei, Eigelb, Süßstoff und Salz zugeben. Das Milchgemisch zum Mehl geben und gut verkneten, bis der Teig Blasen wirft. Wenn der Teig zu fest ist, noch etwas Milch hinzufügen.

- Den Teig an einem warmen Ort 30 Min. gehen lassen. Dann kurz verkneten, in drei Teile teilen, diese zu Rollen formen und zu einem Zopf flechten.

- Den Backofen auf 170 Grad (150 Grad) vorheizen. Den Zopf auf ein mit Backpapier ausgelegtes Backblech legen und 20 Min. gehen lassen. Mit etwas Milch bepinseln und auf der mittleren Schiene etwa 45 Min. backen.

Tipp Getreide und daraus gewonnenes Mehl sind Grundlagen einer gesunden Ernährung. Mehl enthält lebenswichtige Nährstoffe wie pflanzliches Eiweiß, Fett und reichlich Kohlenhydrate in Form der Getreidestärke. Der Ballaststoffgehalt ist abhängig vom Ausmahlungsgrad des Mehles. Je höher die Typenzahl, desto höher der Gehalt an Ballaststoffen und auch Vitaminen und Mineralstoffen.

Nährwerte pro Portion

127 kcal • 4 g E • 5 g F • 16 g KH • 0,9 mg Fe • 0,1 mg Cu

Brötchen mit Loch

Bagels

Für 12 Stück • gut vorzubereiten

30 Min. + 45 Min. Gehzeit + 25 Min. Backzeit

330 ml fettarme Milch • 2 EL Butter • 3/4 Würfel frische Hefe • 1 TL Zucker • 660 g Weizenvollkornmehl • 1 1/2 TL Salz • 2 Eier • 1 Eiklar

- Die Milch erwärmen und die Butter schmelzen. In einer Schüssel die Hefe, den Zucker und die Milch zu einem Vorteig verrühren und 3 Min. gehen lassen.

- Das Mehl, die geschmolzene Butter, das Salz und die zwei Eier dazugeben und zu einem lockeren Hefeteig verarbeiten. Den Teig an einem warmen Ort etwa 30 Min. gehen lassen.

- Den Teig durchkneten und 12 runde Brötchen formen. Jedes Brötchen mit einem Kochlöffel in der Mitte durchstechen und so ein Loch formen. Die Bagels zugedeckt nochmals etwa 10 Min. gehen lassen. Den Backofen auf 220 Grad (Umluft 200 Grad) vorheizen.

- In einem großen Topf Wasser zum Kochen bringen. Je 4 Bagels ins Wasser geben. Wenn sie an der Oberfläche schwimmen, 3 Min. abwarten, dann wenden, nach 1 Min. herausnehmen und abtropfen lassen. Die Bagels mit Eiklar bestreichen und im vorgeheizten Backofen etwa 25 Min. backen.

Nährwerte pro Portion

229 kcal • 10 g E • 7 g F • 40 g KH • 2,7 mg Fe • 0,5 mg Cu

» Bagels

Passt immer

Sesambaguette

Für 4 Stück • braucht etwas mehr Zeit
30 Min. + 50 Min. Gehzeit + 30 Min. Backzeit

400 g Weizenvollkornmehl • ½ Würfel Hefe • 1 TL Zucker • 1 TL Salz • 2 TL Butter • 2 EL Sesamsamen

- Das Mehl in eine Schüssel geben und in die Mitte eine Mulde drücken. Die Hefe hineinbröckeln und mit dem Zucker und 200 ml lauwarmem Wasser verrühren. Den Vorteig an einem warmen Ort 30 Min. gehen lassen.

- Mehl und Salz mit den Knethaken des Handrührgeräts unter den Vorteig arbeiten und etwa 5 Min. kneten. Butter schmelzen und zusammen mit 1 EL Sesam unterkneten. Den Teig weitere 20 Min. gehen lassen.

- Den Backofen auf 220 Grad (Umluft 200 Grad) vorheizen. Aus dem Teig vier gleich große Baguettes formen und auf ein mit Backpapier ausgelegtes Blech setzen (nicht zu dicht nebeneinander – sie kleben sonst zusammen).

- Die Oberfläche der Brote mit einem scharfen Messer einige Male schräg einritzen und mit den restlichen Sesamsamen bestreuen. Die Baguettes auf der mittleren Schiene etwa 30 Min. backen.

Leberzirrhosepatienten sparen durch die Verwendung von Weizenmehl Type 405 etwa 2 g Eiweiß.

Tipp Stellen Sie ein feuerfestes, mit heißem Wasser gefülltes Gefäß auf den Boden des Backofens – so geht das Gebäck noch besser auf.

Nährwerte pro Portion
406 kcal • 15 g E • 10 g F • 63 g KH • 5,4 mg Fe • 1,0 mg Cu

Ein kerniges Brot

Kürbiskernbrot

Für 18 Scheiben • braucht etwas mehr Zeit
3 Std. + 12 Std. Quellzeit + 1 Std. Backzeit

250 g Roggenvollkornmehl • ½ Würfel Hefe • 250 g Weizenvollkornmehl • 3 EL Walnüsse, grob gehackt • 2 EL Öl (z. B. Kürbiskernöl) • 2 EL Honig • 1 TL Salz • 1 TL Koriander, gemahlen • 100 g Kürbiskerne

- Das Roggenmehl mit 150 ml Wasser verrühren und über Nacht mindestens 12 Std. quellen lassen. Die Hefe in 275 ml lauwarmem Wasser auflösen. Das Weizenmehl mit Walnüssen, Hefe, Öl, Honig, Salz und Koriander mischen. Alles mit dem gequollenen Roggenmehl kräftig verkneten, bis ein fester Teig entsteht.

- Zum Schluss die Kürbiskerne unterkneten, den Teig an einem warmen Ort etwa 2 Std. gehen lassen und dann nochmals durchkneten. Einen runden Laib auf ein mit Backpapier ausgelegtes Blech legen und nochmals ½ Std. gehen lassen.

- Den Backofen auf 200 Grad (Umluft 180 Grad) vorheizen. Die Teigoberfläche gleichmäßig mit lauwarmen Wasser bestreichen und mit einem Messer rautenförmig einschneiden. Das Brot auf dem Blech 10 Min. gehen lassen und dann etwa 1 Std. backen.

Gallensteinpatienten streichen die Walnüsse von der Zutatenliste.

Nährwerte pro Portion
162 kcal • 5 g E • 7 g F • 18 g KH • 2,2 mg Fe • 0,3 mg Cu

Sonntagsfrühstück

Quarkbrötchen

Für 14 Stück • gelingt leicht
10 Min. + 40 Min. Gehzeit + 20 Min. Backzeit

120 ml fettarme Milch • 1 Würfel frische Hefe oder 1 Pck. Trockenhefe • 2½ TL Honig • 500 g Mehl • 250 g Magerquark • 1 TL Salz • ½ TL Bourbon-Vanillezucker • 2 TL Zitronenabrieb

- Die Milch leicht erwärmen und mit der Hefe und dem Honig verquirlen. Das Mehl zusammen mit den restlichen Zutaten in eine Schüssel geben und mit der angerührten Hefe zu einem geschmeidigen Teig verkneten.

- Den Teig zugedeckt an einem warmen Ort gehen lassen, bis sich sein Volumen verdoppelt hat. Den Backofen auf 180 Grad (Umluft 160 Grad) vorheizen und eine feuerfeste Schale mit Wasser hineinstellen.

- Den Teig kurz durchkneten und 14 Brötchen daraus formen. Auf ein mit Backpapier belegtes Blech setzen und nochmals 15 bis 20 Min. gehen lassen. Die Brötchen mit einem scharfen Messer kreuzweise einschneiden und auf der mittleren Schiene etwa 20 Min. backen.

Nährwerte pro Portion
153 kcal • 7 g E • 1 g F • 29 g KH • 1,2 mg Fe • 0,2 mg Cu

Süßes Brot

Haselnussbrot

Für ca. 18 Scheiben • braucht etwas mehr Zeit
20 Min. + 40 Min. Gehzeit + 50 Min. Backzeit

250 g Weizenvollkornmehl • 250 g Weizenbackschrot Type 1700 • 130 g Zucker • 1 Würfel Hefe (oder 1 Pck. Trockenhefe) • 2 EL Sonnenblumenöl • 2 EL Haselnussmus • 125 g ganze Haselnüsse • ½ TL Salz • 1 Msp. Kardamom, gemahlen • 1 EL Kakao • Diätmargarine für die Form • 2 EL Haselnüsse, gehackt • 80 g Butter

- Mehl und Schrot mischen. 275 ml lauwarmes Wasser mit 100 g Zucker und der Hefe verrühren, zum Mehl geben. Öl, Haselnussmus, Haselnüsse, Salz, Kardamom und Kakao hinzufügen und alles zu einem glatten Teig verkneten. An einem warmen Ort etwa 40 Min. gehen lassen.

- Den Backofen auf 200 Grad (Umluft 180 Grad) vorheizen. Den Teig nochmals durchkneten und in eine gefettete Kastenform geben. Die Oberfläche längs einschneiden. Etwa 40 Min. backen.

- Danach in die Kerbe den restlichen Zucker, die gehackten Haselnüsse und darüber die flüssige Butter geben. Das Brot nochmals etwa 10 Min. backen.

Gallensteinpatienten sollten die Verträglichkeit mit kleinen Mengen austesten.

Nährwerte pro Portion
191 kcal • 4 g E • 8 g F • 25 g KH • 1,8 mg Fe • 0,3 mg Cu

Gut für Kartoffelreste

Kartoffelbrot

Für 10 Scheiben • braucht etwas mehr Zeit
25 Min. + ca. 1 Std. Gehzeit + ca. 45 Min. Backzeit

150 g Kartoffeln • ¼ l fettarme Milch • ¾ Würfel frische Hefe • 3 EL Butter • 400 g Mehl • 2 EL Zucker • 2 Eigelbe • Vanillezucker • Salz • etwas Zitronenabrieb

- Die Kartoffeln in der Schale kochen, pellen und durch die Kartoffelpresse drücken. Die Milch leicht erwärmen und die Hefe einrühren. Die Hefemilch ein paar Min. an einem warmen Ort gehen lassen.

- Die Butter schmelzen. Die Kartoffeln mit Mehl, Butter, Zucker, der Hefemilch, den Eigelben, Vanillezucker, Salz und Zitronenabrieb zu einem Teig verarbeiten. Den Teig 40 Min. an einem warmen Ort gehen lassen.

- Den Backofen auf 180 Grad (Umluft 160 Grad) vorheizen. In eine Kastenform etwas Wasser geben, mit Backpapier auslegen. Den Teig einfüllen und nochmals 20 Min. gehen lassen. Das Brot auf der mittleren Schiene etwa 35 – 45 Min. backen.

Variante Sie können das Brot mit etwas Leinsamen, Sonnenblumenkernen oder Sesam anreichern.

Nährwerte pro Scheibe
235 kcal • 7 g E • 6 g F • 37 g KH • 1,4 mg Fe • 0,3 mg Cu

» Haselnussbrot

Für jeden Anlass

Das schmeckt auch meinen Gästen

Brunch

Ausschlafen und dann ein ausgedehntes Frühstück – das gefällt den meisten gut. Warum nicht auch mal den Geburtstag mit einem schönen Brunch feiern? Hierzu können Sie besonders gut servieren:

S. 38 Früchtebrötchen
S. 42 Erdbeersmoothie
S. 42 Frühlingskäse
S. 46 Mediterranes Rührei
S. 51 Rucolacremesuppe
S. 60 Paprikataler
S. 106 Rhabarbergrütze
S. 114 Pancakes
S. 128 Hefezopf
S. 130 Kürbiskernbrot

Leichtes Frühlingsmenü

Lecker zur Spargelzeit im Mai!

S. 54 Grüner Spargel mit Schinken
S. 80 Fischpfanne
S. 109 Gegrilltes Obst

Asiatischer Abend

Auch mit einem asiatischen Abend können Sie Ihre Gäste begeistern. Hier gehört unbedingt dazu:

S. 50 Asiatische Kokosmilchsuppe
S. 82 Fischcurry Madras mit
S. 92 Nussreis
S. 110 Mangoeis

Winterliches Menü

Laden Sie vier bis sechs Personen ein, ist auch ein mehrgängiges Menü ohne viel Mühe machbar. Besonders schön wird's, wenn Sie das Essen auf die Jahreszeit abstimmen. Ein schönes Menü für die kalte Jahreszeit besteht aus:

S. 8 Schweinefilet in Preiselbeersoße
S. 54 Herbstsalat
S. 68 Chicoréegratin
S. 90 Karamellisierte Kartoffeln
S. 106 Quark-Zimt-Creme

Zum Grillfest

Zu einem Grillfest gehören nicht nur Würstchen und Fleisch. Sie können auch Gemüse grillen! Und folgende Beilagen ergänzen das Ganze zu einem unvergesslichen Abend:

S. 42 Frühlingskäse
S. 52 Nudelsalat
S. 57 Hummus
S. 98 Couscous Casablanca
S. 109 Gegrilltes Obst
S. 130 Sesambaguette

Familienpicknick

Für ein Picknick gibt es immer einen Grund! Diese Gerichte schmecken an warmen Tagen besonders gut und lassen sich leicht transportieren:

S. 51 Lauchquiche
S. 52 Grünkernsalat
S. 52 Nudelsalat
S. 57 Hummus
S. 98 Mediterraner Gemüsemix
S. 98 Kräuterpolenta
S. 127 Früchtegugelhupf

Sommermenü

Überraschen Sie Freunde mit einem sommerlichen Menü:

S. 8 Rucola-Chinakohl-Salat
S. 9 Himbeerdessert
S. 76 Putenröllchen in Tomatensoße
S. 89 Rosmarinkartöffelchen

Lockere Einladung

Deftig und herzhaft – schmeckt am besten im Herbst!

S. 49 Hokkaido-Apfel-Suppe
S. 70 Spinat-Hackfleisch-Auflauf
S. 104 Schokoladencreme

Partybüfett

Für Gesellschaften ab zehn Personen eignet sich besonders gut ein Büfett. So kann sich jeder selbst bedienen, die Gäste kommen leichter ins Gespräch und Sie geraten nicht in den Stress, jeden Gang servieren zu müssen. Hier finden Sie kalte und warme Köstlichkeiten, die auf diesem mediterranen und fast fleischlosen Büfett nicht fehlen dürfen:

S. 52 Nudelsalat
S. 54 Grüner Spargel mit Schinken
S. 66 Nudel-Zucchini-Auflauf
S. 72 Provenzalische Auberginen
S. 72 Ratatouillequiche
S. 114 Beeren-Crumble
S. 130 Sesambaguette

Fingerfood

Fingerfood ist beliebt – besonders für kleinere Gesellschaften oder wenn Sie für einen gemütlichen Abend Freunde eingeladen haben. Hierfür eignen sich besonders kleine Bruschettas oder Gerichte, die Sie in kleine Schälchen vorportionieren oder mit einem Zahnstocher ähnlich wie spanische Tapas zusammenstecken.

S. 46 Birnen-Camembert-Toast
S. 58 Champignonbruschetta
S. 58 Rucolabruschetta
S. 60 Paprikataler
S. 60 Omelett mit Tomate

Kaffeebesuch

Haben Sie Gäste zum Kaffeekränzchen eingeladen? Wie wäre es, wenn Sie Ihren Besuch mit lauter köstlich neuen Leckereien begrüßten? Dazu gehören:

S. 112 Kirschauflauf
S. 114 Beeren-Crumble
mit Vanillesoße (S. 106)
S. 117 Aprikosenmuffins
S. 119 Haferflockenwaffeln
S. 122 Kürbiskuchen

Adressen, die weiterhelfen

Hier finden Sie Anschriften verschiedener Institutionen, Firmen und Verbände, an die Sie und Ihre Angehörigen sich wenden können, wenn Sie Fragen zur Ernährung bei Leber- und Gallenerkrankungen haben oder weitere Informationen dazu benötigen. Bei vielen Organisationen können Sie kostenlos Informationen anfordern.

Bundesarbeitsgemeinschaft Leber e. V.
Luxemburgerstr. 150
50937 Köln
Tel.: 0221/2829980
Fax: 0221/2829981
Internet: www.bag-leber.de
E-Mail: info@bag-leber.de

Deutsche Gesellschaft zur Bekämpfung der Krankheiten von Magen, Darm und Leber sowie von Störungen des Stoffwechsels und der Ernährung (Gastro-Liga) e. V.
Friedrich-List-Str. 13
35398 Gießen
Tel.: 0641/97481-0
Fax: 0641/97481-18
Internet: www.gastro-liga.de
E-Mail: geschaeftsstelle@gastro-liga.de

Verband der Diätassistenten e. V. (vdd)
Susannastr. 13
45136 Essen
Internet: www.vdd.de
E-Mail: info@vdd.de

Selbsthilfe Lebertransplantierter Deutschland e. V.
Jutta Vierneusel
Karlsbader Ring 28
68782 Brühl
Internet: www.lebertransplantation.de
E-Mail: info@lebertransplantation.de

Deutsche Leberhilfe e. V.
Luxemburgerstr. 150
50937 Köln
Tel.: 0221/282 99 80
Internet: www.leberhilfe.org
E-Mail: info@leberhilfe.org
Über diese Adresse erfahren Sie die Kontaktstellen der einzelnen Bundesländer.

Leber-Liga zur Förderung und Unterstützung chronisch Lebererkrankter e. V.
Berliner Leberliga e. V.
Thaerstr. 4e
16515 Oranienburg
Tel.: 0211/706426 (Helmut Blum)

Deutsches Kompetenzzentrum Gesundheitsförderung und Diätetik
Heinersdorfer Str. 38
12209 Berlin
Internet: www.dkgd.de
E-Mail: info@dkgd.de

Zentrum und Praxis für Ernährungskommunikation, Diätberatung & Gesundheitspublizistik (ZEK)
Sven-David Müller, M. Sc.
Master of Science in Applied Nutritional Medicine (Angewandte Ernährungsmedizin),
staatlich anerkannter Diätassistent und Diabetesberater der Deutschen Diabetes Gesellschaft
Heinersdorfer Str. 38
12209 Berlin
Internet: www.svendavidmueller.de
E-Mail: info@svendavidmueller.de

Bücher zum Weiterlesen

Hier haben wir Ihnen wichtige Bücher zusammengestellt, die die Ernährungsplanung erleichtern.

Sven-David Müller/Katrin Raschke:
Das Kalorien-Nährwert-Lexikon. Schlütersche.
Das Kalorien-Nährwert-Lexikon ist eine umfangreiche Kalorien- und Nährwerttabelle. Sie macht Angaben zum Eiweißgehalt von mehr als 3000 Lebensmitteln und enthält Extra-Tabellen mit Fast-Food und Markenprodukten.

Sven-David Müller: **Cholesterin-Ampel.** TRIAS 2011.
Die Cholesterin- und Fett-Ampel ist gerade für Patienten mit Fettleber ideal, da sie Westentaschenformat hat und durch die Bewertung nach dem Ampel-Prinzip besonders anwenderfreundlich ist.

Sven-David Müller: **Kalorien-Ampel.** TRIAS 2011.
Die Kalorien-Ampel ist ideal für alle Menschen, die Körperfett abbauen müssen. Wie beim Ampel-Prinzip üblich listet sie alle Lebensmittel alphabetisch auf und bewertet die Inhaltsstoffe nach der Ampel mit Rot, Gelb und Grün.

Sven-David Müller: **Die Müller-Diät.** Schlütersche.
Ernährungsexperte Sven-David Müller hat nach 35 000 Patientenkontakten die »Müller-Diät« entwickelt, seine Erfahrungen und die Wünsche der Übergewichtigen in einem neuen Gewichtsreduktions-Konzept zusammengefasst.

Sven-David Müller: **Ernährungsratgeber Leber und Galle.** Schlütersche 2009. Das Buch liefert ausführliche Informationen für Menschen mit Erkrankungen der Leber und Galle. Zusätzlich enthält es kreative Rezepte, die das Organ Leber schonen.

Broschüren: Die nachfolgend genannten Broschüren können Sie kostenlos bei der Falk Foundation e. V., Postfach 65 29, 79041 Freiburg, anfordern.

- Prof. Dr. J. Eisenburg: Gallestau – was tun?
- Prof. Dr. M. Plauth: Medizinisches Stichwortverzeichnis zu Leberkrankheiten
- Prof. Dr. U. Leuschner: Primär biliäre Zirrhose – primär sklerosierende Cholangitis
- S.-D. Müller: Wegweiser für den Leberkranken mit Richtlinien zur Ernährung
- Prof. Dr. M. Sackmann: Was Sie über Gallenstein-Behandlung wissen sollten
- S.-D. Müller: Zink – Ein lebenswichtiges Spurenelement

Rezeptverzeichnis

Stichwortverzeichnis

Bibliografische Information der Deutschen Nationalbibliothek
Die Deutsche Nationalbibliothek verzeichnet diese Publikation in der Deutschen Nationalbibliografie; detaillierte bibliografische Daten sind im Internet über http://dnb.d-nb.de abrufbar.

Programmplanung: Uta Spieldiener
Redaktion: Anja Fleischhauer, Stuttgart
Bildredaktion: Christoph Frick

Coverfoto: Stockfood
Umschlaggestaltung:
Dominique Loenicker, Stuttgart

Fotos im Innenteil:
alle Rezeptfotos: Stefanie Bütow, Hamburg
Foodstyling: Sarah Trenkle, Hamburg
People Fotos: Holger Münch, Stuttgart

3. vollständig aktualisierte Auflage 2016

Printed in Germany

Satz und Repro: Ziegler und Müller, Kirchentellinsfurt
gesetzt in: APP/3B2, Version 9.1 Unicode
Druck: AZ Druck und Datentechnik GmbH, Kempten

Gedruckt auf chlorfrei gebleichtem Papier

ISBN 978-3-432-10206-1

Auch erhältlich als E-Book:
eISBN (ePUB) 978-3-432-10208-5
eISBN (PDF) 978-3-432-10207-8

Wichtiger Hinweis: Wie jede Wissenschaft ist die Medizin ständigen Entwicklungen unterworfen. Forschung und klinische Erfahrung erweitern unsere Erkenntnisse. Ganz besonders gilt das für die Behandlung und die medikamentöse Therapie. Bei allen in diesem Werk erwähnten Dosierungen oder Applikationen, bei Rezepten und Übungsanleitungen, bei Empfehlungen und Tipps dürfen Sie darauf vertrauen: Autoren, Herausgeber und Verlag haben große Sorgfalt darauf verwandt, dass diese Angabe dem Wissensstand bei Fertigstellung des Werkes entsprechen. Rezepte werden gekocht und ausprobiert. Übungen und Übungsreihen haben sich in der Praxis erfolgreich bewährt.

Eine Garantie kann jedoch nicht übernommen werden. Eine Haftung des Autors, des Verlags oder seiner Beauftragten für Personen-, Sach- oder Vermögensschäden ist ausgeschlossen.

Geschützte Warennamen (Warenzeichen) werden **nicht** besonders kenntlich gemacht. Aus dem Fehlen eines solchen Hinweises kann also nicht geschlossen werden, dass es sich um einen freien Warennamen handelt.

Die abgebildeten Personen haben in keiner Weise etwas mit der Krankheit zu tun.

1 2 3 4 5 6

Liebe Leserin, lieber Leser,

hat Ihnen dieses Buch weitergeholfen? Für Anregungen, Kritik, aber auch für Lob sind wir offen. So können wir in Zukunft noch besser auf Ihre Wünsche eingehen.

Schreiben Sie uns, denn Ihre Meinung zählt!

Ihr TRIAS Verlag

E-Mail-Leserservice:
kundenservice@trias-verlag.de

Adresse:
Lektorat TRIAS Verlag
Postfach 30 05 04
70445 Stuttgart
Fax: 0711-89 31-748